识干家

企業閱讀　學以致用

低效会议怎么改

每年节省一半会议成本的秘密

王玉荣　葛新红◎著

中华工商联合出版社

图书在版编目（CIP）数据

低效会议怎么改：每年节省一半会议成本的秘密/王玉荣，葛新红著. —北京：中华工商联合出版社，2015.4

ISBN 978-7-5158-1240-3

Ⅰ. ①低… Ⅱ. ①王… ②葛… Ⅲ. ①企业 - 会议 - 组织管理学 Ⅳ. ①F272.9

中国版本图书馆 CIP 数据核字（2015）第 056609 号

低效会议怎么改：每年节省一半会议成本的秘密

作　　者： 王玉荣　葛新红
责任编辑： 于建廷　效慧辉
责任审读： 郭敬梅
封面设计： 久品轩设计
责任印制： 迈致红
出版发行： 中华工商联合出版社有限责任公司
印　　刷： 三河市文阁印刷有限公司
版　　次： 2015 年 6 月第 1 版
印　　次： 2015 年 6 月第 1 次印刷
开　　本： 787mm × 1092mm　1/16
字　　数： 200 千字
印　　张： 14.5
书　　号： ISBN 978-7-5158-1240-3
定　　价： 56.00 元

服务热线： 010 - 58301130
团购热线： 010 - 58302813
地址邮编： 北京市西城区西环广场 A 座 19 - 20 层，100044
http：//www.chgslcbs.cn
E-mail：cicap1202@sina.com（营销中心）
E-mail：gslzbs@sina.com（总编室）

博瑞森图书：企业阅读　本土实践

亲爱的读者朋友：

也许您是博瑞森图书的老读者，也许是新朋友，欢迎您阅读博瑞森图书！

当今中国，各行各业都存在着转型升级的压力与机遇。博瑞森图书与您一同应对转型挑战并发现其带来的机遇。

我们一直在问：什么样的书能为您解决管理难题并带来启发？

我们一直在找：哪些作品能帮助企业从跟随到领先？

我们一直在做：把最好的作品以最便捷的方式呈现给您，纸质版、电子版、书摘邮件、微信……

我们策划图书的原则是：

- 企业阅读——与您一样，做水中的游泳者，而非岸上的观众或教练，企业的困惑就是我们的任务。
- 本土实践——与您一样，立足本土环境，追求卓越实践，传播最适合当下中国企业的管理之道。

我们也向所有的企业管理者、管理咨询专家和企业研究者征稿，让更多被实践检验的好思想、好方法迸发出来，为企业助力！（bookgood@126.com 或 QQ：1963328416 或手机号 13611149991，绝非“自费出书”，不向作者收取任何费用）

如果有一天，您把博瑞森图书视为您优秀的事业伙伴、管理助手，我们也就实现了自己的梦想。

博瑞森图书

为什么从“流程管理”到“和谐会议体系”

有些读者熟悉我的《流程管理》（第一版、第二版和第三版）和《流程革命2.0》（《流程管理》的第四版），因此，看到此书会问：“和谐会议体系是流程管理以外的新领域吗?”

答曰：“非也。”

我们帮助企业做流程梳理、设计、优化，时常碰到一个难题，就是流程的执行被干扰了。被什么干扰了？

◆ 被各种临时会议、各种临时决策干扰。

◆ 被各种效率低下的会议、各种只看中局部利益的决策干扰。

◆ 被各种延期再延期的会议、各种彼此冲突矛盾的决策干扰。

因此，我们开始为“流程得以执行”营造一个环境——“和谐的会议体系”。

之所以是会议体系，说明不仅仅是关注“一个单独的会议怎么主持、怎么开好”。

之所以“和谐”，说明要管理各类会议之间的逻辑关系、前后关系、内容依附关系。还有，报表和会议是否和谐、会议和流程是否和

图1 “忙什么呢?”“忙着开会呢。”已经是经理人的常见对话

谐、会议和职责是否和谐。

来吧，如果你是疲于开会的经理，如果你是抱怨会议效率的经理，如果你曾经经历书中人物欧阳、吴总一样的场景，欢迎给作者王玉荣女士和葛新红女士发邮件，邮箱为王玉荣女士luna. wang@ AMT. com. cn，葛新红女士Rose. ge@ AMT. com. cn 或者致电 AMT **全国统一服务热线** 400 - 881 - 2881。**如果您希望进一步了解流程管理、会议管理等方面的最新资讯和实践案例，也欢迎关注 AMT 公众微信号“AMTGroup”，并与我们在线交流。**

最后，感谢 AMT 合伙人侯波、徐志科、张丽锋、梁建军，以及 31 会议网的万涛、白桂香和余旭，他们在咨询实践中的不断总结和对移动互联网时代的会议管理工具、发展趋势探索，都推动着本书及后续的系列书籍不断成文、不断更新，与时俱进。

从哪里开始读这本书

书中的人物欧阳烦恼于**“会而不议，议而不决，决而不行，行而无果”**，他不知道怎么解决这些问题。而管理咨询顾问在**第一章**中建议他，“会议高效”要同时抓两手，而且后一手才是更重要的。

◆ 本书把15%的笔墨着眼于“单个会议怎么开好”，这往往属于个人技巧的问题。

◆ 本书把85%的笔墨着眼于“会议和会议之间是什么关系，一个企业到底要开什么会、不开什么会、分别怎么开”，这是一个系统部署的问题。

第二章是关于“快速补课15%”的内容，精要地介绍了“怎么开单个会议”的技巧。您可以快速翻到**第二章**开始阅读，迅速把握3M、罗氏等企业的开会技巧，并且做一套自测题《你善于开会吗》，看看自己是否已经做到“扫天下”前先“扫一屋”。

关于“扫天下”的能力，也就是“高效会议体系”的能力，就需要从大局着眼了。**第三章**中的“会议金字塔”把会议分成三大类（战略、经营、部门或者岗位间例会），给每位CXO、关键部门经理甚至骨干员工绘制了自己的“知识地图”，因此，如果你想直接“扫天下”，就从第三章开始吧。

第四章、第五章和第六章请您对号入座：

◆ 如果您最关心**“战略类会议”**，也就是公司经营班子开的会议议程、决策项、高效技巧，那么请直接翻到第四章。

◆ 第五章的**“经营类会议”**，讲的都是新产品上市、采购、销售、研发、财务这些职业经理人天天关心的事情。

◆ 第六章是一个**“周期性例会”**示例，书中人物欧阳做了前面几章的思考、实践、创新、提升以后，工作成效逐渐展现出来，他意识到一个法则，**“一个企业的管理体系，要尽可能是按时间来触发的，而不是靠突发事件来触发的”**。

◆ 如果您想纵览全局，从高层会议“龙头”的摆动，一直梳理到基层会议“龙尾”的执行，那么第四、五、六这三章都有值得您阅读的内容。

会议理顺了，但涉及到会议的执行，尤其是参加人数较多的大型会议，如何高效地会议执行呢？如何通过移动互联网时代的新工具有效地提升会议组织效率呢？这些也都是高效会议不可或缺的一部分。（**第七章**）将给会议组织者带来新的收获。

我想，不仅是欧阳，还有拿起这本书的“您”，都曾为如何开会苦恼过。让我们为提高一个企业的“系统能力”、“组织能力”和“整体效率”一起不懈努力，而不是仅仅关注于“职业经理人的个人技能”或“各级人员的个人执行力”。

第一章
忙什么呢？
——忙着开会呢

十五楼的办公室里，欧阳拿着一份日程表，不由得产生一种厌烦情绪：下周一共有8个会要他参加，而他知道到了下个周末的时候，肯定又会多出5～6个临时安排的会。

“文山会海害死人啊。”欧阳想起一年前，他让助理艾小莉给他设计这张表的情景。

当时，他是这么交代艾小莉的：“把每个月的日历画出来，每天是一个格子，一个月也就是30个左右的格子，在整页A4纸的最上面，把我的TITLE（职位）和姓名写上。你每天要及时把我的那些待办事项填写到对应的格子里去，一共填写两份，你拿一份备查，再给我一份。这样，我就一目了然了。这张表格是个很好的时间管理工具，方便我分析哪些是重要的事情，哪些是紧急的事情，提前做好充分准备。”

而现在，欧阳看着这张“市场总监欧阳的日历表”，不由苦笑起来：“密密麻麻的一页A4纸，还时间管理呢，这都快写满了，哪件事不是重要而且紧迫的？”

他记得，当时自己还让艾小莉买了一支红色荧光笔用来打“√”。每当欧阳回顾这张表格的时候，一旦发现某事项已经完全办结，就在这个格子里打一个“√”，表示“DONE”这个状态（如图1－1所示）。

图1－1　市场总监欧阳的日历表

如果能看到一连串红色的“√”，那自然是心情超爽，但实际情况呢？上周，甚至这一个月以来，这会那会是开了不少，但没有一件事情是最后落实办结的：

◆ 上上周的这个会要等研发总监和几个研发经理再议一下。

◆ 上周五的这个会，吴总也在，自然大家都不溜号了，三十多位关键中层都在。从上午8点就开会，一直开到晚上9点多，可是销售总监提交的那个方案还是被批为“不成熟”，还要回去完善，这已经是第四稿了，而销售总监私下说：“我根本就摸不透老板到底是什么意思，让我把方案往哪个方向改。”

◆ 到了昨天，财务总监和采购总监在会上差点动手了，也难怪，本来开会是议论“成本降低1%”这事儿，可财务总监一句话“我觉得成本水分主要是在采购”让采购总监跳起来。两个人“摆事实”“讲道理”，针锋相对，不亦乐乎。会上最后是否确定了“降低成本的行动方案”——欧阳实在回忆不起来。

“一个红√都没有！”欧阳心想，“索性把这些烦心事抛在一边，周末先散散心去，约我那几个其他公司的酒友出来聚聚。”短短几分钟内，欧阳的MOTO手机“滴滴”响了好几次，他发出的邀约短信都有回复了。“真不愧是死党，”欧阳打开“您收到的短信”一看，短信是：

“抱歉，我们老总刚从国外回来，这个周末保不准要整天开会。”

“正忙着开会呢……稍候再给老兄你回复。”

“我们正做一个管理咨询项目，把会议和报表体系好好整顿一下，忙过这阵我就有时间找老兄您要酒喝了，回头介绍几位专业的咨询顾问给你认识。”

“orz，周六周日都有会，今天刚通知的。”

orz是什么意思？想了片刻，他才回过味来，对了，这是最近网络上最热门的象形文字，orz三个字母整体看上去像一个人形，o是头，r是躯体，z是跪倒的腿，就像“一个人头朝左匍匐跪倒”的形状，表示“严重到无可奈何”的意思。

哼，欧阳索性一下关掉了手机：orz！

1　开会普遍存在的六种抱怨

没错，欧阳所碰到的这些问题不是他一个人的问题，也是他的那些无暇 HAPPY 聚会的酒友，不少企业经理人，包括事业单位很多骨干人员，所共同面临的普遍问题。图 1－2 是一份真实的调研记录，记录的是深圳某家电企业集团对“开会”的抱怨，其实这些问题是普遍存在的。

图 1－2　某集团企业对“开会”的抱怨

各位读者，你的企业是否也存在会议效率整体低下的问题呢？你也曾经为以下问题苦恼过吗？请根据具体情况在表 1－1 第二列对应选项打“√”，并根据表格后的说明计算分数。

表 1－1　会议效率测试表

请阅读以下 8 种测试项目	根据您所在的企业情况打“√”
1. 公司已进行过个人沟通技巧的培训，但是开起会来，还是争吵不休，问题出在什么地方？个人沟通技巧失效了吗？怎样建立不依赖于个人自觉性的组织沟通管理	□A：这种情况比较普遍、严重，这些问题是我们想解决的 □B：这种情况偶尔出现 □C：根本不存在这类问题，这些问题对我们来说也根本没有要解决的价值
2. 某项决策可能涉及很多人，但是大家的角色不明确。在会议讨论中，谁拍板，谁提供信息，谁有否决权，没有具体规定，怎么提高决策的效率	□A：这种情况比较普遍、严重，这些问题是我们想解决的 □B：这种情况偶尔出现 □C：根本不存在这类问题，这些问题对我们来说也根本没有要解决的价值
3. 我们集团也有会议管理的制度，每次开会总结上期情况，布置下期任务，但是总觉得对实际工作的帮助有限。很多问题在实际工作中就已经被解决了，就效率来说，比在会议上说效率更高	□A：这种情况比较普遍、严重，这些问题是我们想解决的 □B：这种情况偶尔出现 □C：根本不存在这类问题，这些问题对我们来说也根本没有要解决的价值
4. 我们集团每月都有高级别的管理会议，但是领导认为每次的会议内容和制定的战略缺乏联系，同具体的工作也脱节	□A：这种情况比较普遍、严重，这些问题是我们想解决的 □B：这种情况偶尔出现 □C：根本不存在这类问题，这些问题对我们来说也根本没有要解决的价值

续表

请阅读以下8种测试项目	根据您所在的企业情况打“√”
5. 战略制定完了，如何在日常运营和操作中，体现战略意图？如何通过开会来提高战略的达成率	□A：这种情况比较普遍、严重，这些问题是我们想解决的 □B：这种情况偶尔出现 □C：根本不存在这类问题，这些问题对我们来说也根本没有要解决的价值
6. 高管人员时间宝贵，已经有很多会议了，但是临时的会议很多，会议管理无序，突发会议太多	□A：这种情况比较普遍、严重，这些问题是我们想解决的 □B：这种情况偶尔出现 □C：根本不存在这类问题，这些问题对我们来说也根本没有要解决的价值
7. 过去，我们企业没有报表，做事凭感觉。现在企业规范了管理，强调用数据说话，通过各种报表和报告向上级汇报情况。但是各个部门都用报表，报表满天飞，实际的信息传递效率很低	□A：这种情况比较普遍、严重，这些问题是我们想解决的 □B：这种情况偶尔出现 □C：根本不存在这类问题，这些问题对我们来说也根本没有要解决的价值
8. 我们集团讨论问题的时候，总是到会议上才开始思考，准备工作不足，如何帮助决策者提前做好准备	□A：这种情况比较普遍、严重，这些问题是我们想解决的 □B：这种情况偶尔出现 □C：根本不存在这类问题，这些问题对我们来说也根本没有要解决的价值

A按5分计算，B按2分计算，C按0分计算，您的总分是：______。

如果总分在0~9分之间：☺，恭喜您，贵公司的会议是整体高效、有序的，欢迎您把宝贵经验通过邮件或者电话告诉我们，我们在征得您的同意后将把这些经验写入本书再版。

如果总分在10~19分之间：😐，请适当提高警惕，您所在的企业已经存在一些会议低效的现象，虽然抱怨的同事还不多，但很有可能抱怨的人数会快速增长，会有越来越多的人希望提高整个组织的沟通能力、提高会议的整体效率和单个会议的效率。建议您防微杜渐，与那些对会议效率有抱怨的少数人士共同学习本书。

如果总分在20~40分之间：☹，问题已经比较迫切和严重。如果能够解决这些问题，能节省更多的时间、节约更多的精力、更好地控制成本、更高效地决策，这些收益将是非常可观的（请阅读本章结尾“测试你的会议花了多少钱”的内容）。更重要的是，你是否发现经理人很久以来都有一种消极奔波、越忙越乱的负面情绪？如何扫荡这种情绪，让经理人的脸灿烂起来、让整个企业的活力散发出来？

建议您仔细阅读本书，和欧阳一起经历他的心路历程。别忘了，做好足够的眉批以后，把此书送给您的直接领导和一把手领导，这会是一份让他们产生共鸣的好礼物。

作者博客上网友的评论

白阳

在我们的企业中总是在日复一日地发生着同样的故事，故事中的主角、配角、群众演员们也在重复地进行着不同角色的互换，唯一不同的是企业里的故事中似乎总是缺少了导演的位置，以至于编剧（老总）勾勒的故事再精彩，总归是镜中月、水中花一样，可望而不可即。

就以一个非常简单的会议组织为例：人力资源部牵头召集关于“组织进行岗位说明书填写工作”的紧急动员会议，要求各部门针对目前的岗位和人员匹配情况，按照要求一人一书填写《岗位说明书》后，部门盖章汇总后上报。如此的“简单任务”竟被我们搞得声势浩大、人仰马翻的。回想一下大概有以下几点体会：

一、会议的组织不力

1. 首先是会议前准备不够，共识和效果输在了起跑线上。

■ 通知仓促（下午开会，上午10：00通知），基层部门疲于应付。

■ 是各部门参会人员层次不一，根据会议内容由部门主管领导和助理参加足够了，完全不需要部门一把手必到。

■ 会议通知的内容和要求不清楚，参加会议人员没有准备一定就没有好的效果。

■ 应该提前发放表格样本，以提高解释和统一标准的效率。

■ 对上报的时间和具体要求（纸质、电子版等）应提前确定，在会议上临时变动只会显得不专业和不重视。

2. 其次是会议的控制和引导不力，从工作布置之时起就只有牢骚和消极情绪了。

■ 和惯例一样地推迟时间（13分钟）开始。

■ 会议进行中间，圆桌旁始终只有人力部2人就座，其他包括各部门的主任们均在下面排椅就座，管理与被管理的关系太明确。

■ 对有可能出现的共性问题统一给出标准，避免没有必要的议论和解释工作；对个性化的或临时出现的问题先记录下来跳过，留待结束后个别解答。

■ 对大家的共识（时限、质量要求、联系人、共性问题等）应在会议结束前最后总结，一是再次提醒；二是明确重点；三是为监督和考核作必要准备。

二、对此项工作的思考

由于前期已经进行过两项类似或相关的工作，一是配合省公司的 HRM 数据录入，对全公司员工进行个人基本数据收集核对和导入工作；二是进行抽样岗位的“岗位说明书”和“岗位需求调查表”的填报工作。

其中已经留有部分岗位的全部相关信息，因此人力资源部只需要先行提取数据进行整理，应该能解决掉 80% －90% 的工作量，而不需要各部门的非专业人士进行大量的低效工作。

另外，有些话即使是在时间紧任务重的情况下也不应该出口的，（“关起门来说，我们也不想这样，纯粹是应付内控检查用。”“我们原来的岗位说明书基本没有起到作用，因此需要按照现有的情况加以修饰才能对外。”“说实在话，我们的员工状况就是这样，如果按照岗位说明书的要求，很大一部分都是不符合要求的。”等等）。

一是有推卸责任之嫌；二是人多嘴杂，不但不能起到理解和支持的目的，反而会引发更多的抱怨和猜测。

2 50%的开会时间是浪费的

图 1 -3 是一份对美国上班族的调查（其中的数字请预估一下，答案见图后文字）：

图 1 -3 美国经理人“开会”效率调查

（调查结果是：10；1 ~1.5 天；50%；57%；50%）

与此同时，日本企业也曾为会议的效率低下而苦恼，结果不得不启动“会议革命”，典型的举措有：

◆ 废除不必要的会议。

◆ 排除不需参加会议的主管。

◆ 强调准时开始、准时结束。

◆ 重视会议结论。

◆ 提高会议生产力，强化企业竞争力。

丰田为了达到“节省成本、加快决策速度、更有创意”这样的会议目的，在办公室里张贴这样的标语，如图 1－4 所示。

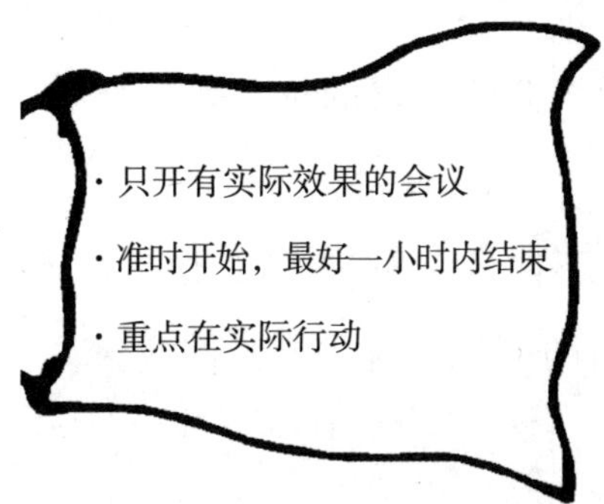

图 1－4　丰田办公室张贴的标语

3　单一会议的开会技巧，最多解决15%的问题

坊间有很多“高效会议”之类的培训，都是关于“如何开好一个单独会议”的，侧重于介绍会议的技巧和一个会议的起承转合，甚至如何避免跑题。

我们认为，开会不仅是一个主持人的语言技巧问题，也不是单一会议的会议议程要清晰的问题。首先，我们应区分**“一个单独的会议”和“会议体系”**。

国内某知名房地产公司（简称W公司），效率和效益在国内属于行业领先。但他们和日本的同行东京建物株式会社做了对标，结果发现自己的效率只是人家的十二分之一：自己是300个人做10个楼盘，东京建物株式会社是60个人做40个楼盘。

东京的房地产企业为什么能做到？难道日本人比中国人厉害？W企业当然不认同这个答案，但日本同行的确是有窍门的，他们的窍门如图1-5所示。

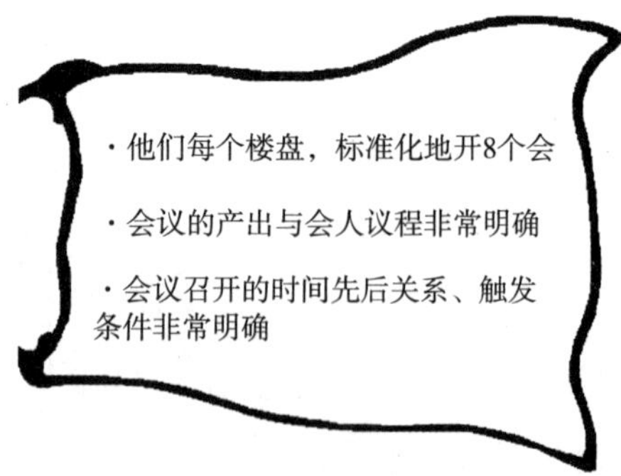

图1-5　东京建物株式会社高效率的窍门

而W公司也许每个楼盘都开会，但每个楼盘开的会不一样多，而且一忙就不开会了，不开会，结果更忙了。

这个案例说明的是：把会开好，不是某个单一会议的问题，而是会议体系设计的问题。首先要回答“开哪些会、不开哪些会、每个会的目的是什么”，然后才是“怎么把每个会开好”的问题。

4　单一会议：会议体系 =15%：85%

无独有偶，W 公司还有一个案例。W 公司到美国标杆企业学习，学了一个重要的经验："七对眼睛"，即把楼盘策划中非常复杂的一种会议——综合可行性分析会议，简化为"七对眼睛"，让各部门各司其职，从 7 个视角来分别逐条审视"这个楼盘到底是否可行"，而不是在会上吵作一团。

这个案例说明的是：哪怕把一个单独的会议开好，也不是一个个人技巧、口才的问题，而是一个决策项设计（如图 1－6 所示）、决策流程、决策制度、决策角色和决策清单的设计问题。

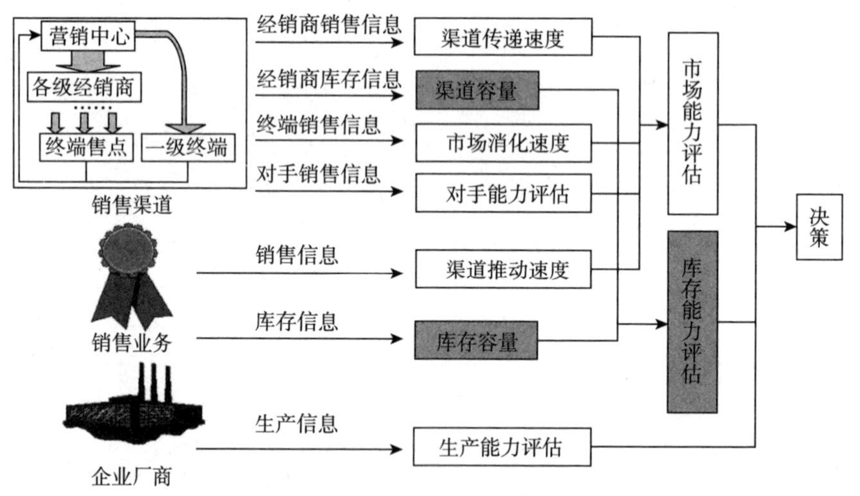

图 1－6　企业中有大量的决策项

这也许有点像"扫一屋"和"扫天下"之间的关系。

要讨论“和谐高效的会议体系”，当然要把一个单独的会议开好，正所谓“一屋不扫，何以扫天下”。

但是，我们在给客户提供“企业经营分析体系提升”、“会议体系梳理与设计”等咨询的时候，强烈感受到，把“一个单独的会议开好”的重要性最多是15%，而会议体系的重要性是85%。

这里的15%与85%，是借鉴了质量大师戴明的一句话：**“100个问题中，只有15%是由于岗位个体原因造成的，85%的原因都是体系问题和结构问题。”**

因此，从后面的内容开始，我们将逐渐从“一屋”谈起，和欧阳一起学习或者温习“扫一屋”的体会和经验，但最终，我们要谈那重要的85%，即“会议体系如何扫天下”。

5 自测题：你的企业用于开会花了多少钱

做下面的题目之前，不妨先盘点一下你的企业有哪些会议？

◆ 固定的部门会议

◆ 全体会议

◆ 和经销商等生意伙伴的会议

◆ 处理突发事件的会议

……

请先凭直觉不假思索地预估一下，你所在的企业/事业单位，全年的会议成本是________元。

您认为，如果要具体计算一下，一次会议的成本应该包括以下哪些选项：________

（1）会议的时间成本 = 与会者的平均日薪 × 与会者人数 ×（会前准备时间 + 差旅时间 + 正式会议时间）+ 会议组织/协调/服务人员的平均日薪 × 人数 × 投入会议的全程时间

（2）会议的直接成本 = 场地费 + 差旅费 + 食宿费 + 文件制作费

（3）效率损失成本 = 与会人员为了参会而离开自己工作岗位，从而不能直接从事增值活动所带来的损失 = $\sum$（各类与会人员在自己的工作岗位上饱满工作所能带来的直接经营创收 × 各类人员人数）

因此，请您再次估算一下：

您所在的企业/事业单位，一次为期两天的决策经营班子人员参加的大会，会议成本是________元。

您所在的企业/事业单位，最昂贵的会议，应该是哪个会议________。

您所在的企业/事业单位，一年有________次会议（可以粗略估算，估算的思路大体合理即可），会议成本________元。

如图 1 –7 所示，南方某集团企业给出的答案是开会费用超过三亿元。

图 1 –7　开会花了多少钱？——超过三亿元

第二章
先做好 15%：怎样开好单一的会议

“会议体系?”欧阳觉得有点抽象，尽管他已经从朋友介绍的管理咨询顾问那里模模糊糊地了解了“高效会议法则”。

“我还是先抓眼前的事情，先把那些逃会的家伙给抓回来吧。”

逃会，是艾小莉汇报给他的一个小秘密，原来自己以前一直被蒙在鼓里。

原来，欧阳的几位下属，有分管广告的、分管促销策划的、分管定价的、分管细分市场统计分析的，这几个家伙在手机上开通了一个“定时闪”功能，在开会最烦的时候能收到假“来电”，然后，堂而皇之地从欧阳眼皮底下开溜！

“这不是挑战我的权威吗?”欧阳让艾小莉把这几个“诈骗犯”都给揪来，心想，“这样下去，不整顿还得了！欺上瞒下都已经用上高科技了。”

静悄悄的会议室，气氛非常沉重，几位年轻人自知理亏，不时用眼角扫扫欧阳的脸色。

“我还是先招了吧，这个‘定时闪’是我先发现然后告诉他们几个的。”分管市场统计分析的李标经理先说话了，“我是在一个有名的白领论坛上看到这个‘定时闪’广告的。我仔细一看，操作也不难，于是就按‘姓名－你的电话号码－来电时刻－20字以内的来电内容’这个格式写了条短信发到这个‘定时闪’的服务网站，所以，我、我就以身试法了。”

“还有专门帮助逃会的服务?”欧阳不禁脱口而出。

负责促销策划的刘静经理心想，也争取“坦白从宽”吧，就接了腔：“有啊，听说生意还很火爆，申请这个服务的白领多得不得了。其实，有的人自己手机功能多，自己设定手机闹钟也能假装来电，但不如真人打电话进来装得像。那边的真人怎么说，都是你自己在短信里事先交代好的，所以效果也不错。一边接听，一边往会议室外面走，我用了好几次，都没有人发现……”

“行了”，欧阳打断她，“再说你还来劲了呢，别介绍你们的馊经验了，说说干吗要逃会，谈实质问题。”

欧阳没想到，他这一问，片刻的沉默后迎来了爆发，几位经理的话匣子一旦打开，抱怨便扑面而来：

“实话实说吧，我们的会太无聊了，每次讨论问题，最后都会归结到市场部和销售部的职能分工不清，说公司整体关注短期效益，说销售部一直挤压我们，除了我们部门吆喝要做营销、做品牌、做长期，其他部门的人都盯着碗里的饭，没有人盯着田里的庄稼。可是，说这些又有什么用呢？每次开会到最后，都对这种状况长吁短叹，结果该谈论的具体事情呢？都被忘到爪哇国去了……”

“我这里每次策划广告方案，都把广告承包伙伴找来开会，回头都抱怨我，说我们开会就是为挑战他的。可我们自己的需求几乎每次都表达不清楚，很多人临到会上才有一些模糊的点子，而且每个人想法都不一样，灵机一动的点子还一会一个，发言的嘴杂，有条理的人少，这让人家怎样执行、怎么和我们有效地配合啊……”

“我就说说上次我们的跑题会吧。本来是说我那份定价调整方案的，后来就‘一路脚踩西瓜皮’，从竞争对手的价格溜到竞争对手的产品研发有优势，溜到竞争对手刚挖了一个牛人来做研发总监，我们公司也要找猎头去挖牛人，结果中午饭都错过了，也没见讨论出什么结果。”

“唉，恶性循环，而且是越来越加剧，开会没意思、没效果，所以我们部门通知其他部门来参与的一些会，他们也不积极，老迟到。早到的人一看，早到反正还要等着，这不吃亏吗？下次也不早到了。结果，迟到的人越来越多，开会 2 个小时，等人要 30 分钟。”

“你说的没错，迟到这事啊，我参加的那个 MBA 班还有个概念专门讲过这个呢，叫‘劣币驱逐良币’。说的是古代的人用铸币，有些钱币因为使用的次数多，就被磨损得分量不足，结果好多人觉得，分量不足但价值一样，一样可以到市场上换价值一样的东西，所以这些人就特别搜集这种劣币，甚至把分量十足的良币都磨掉一些再用，磨掉的粉末渣子还能偷偷找人做散碎银子。市场上流通的铸币很多分量越来越不足，这不，劣币驱逐了良币。我们开会呢，是迟到的驱逐早到的。”

欧阳自己也插话了：“你们各说各的，我还一肚子怨气呢！会上说好要干的事情，会后就打折扣了，干了没有？干得怎么样？我老是眼前一抹黑，下次开会一检查，借口总是比结果多……”

“老大，你也不是每次都检查啊，”刚才被欧阳抢白的刘静“用其人之道还治其人之身”，这次是她掐了欧阳的话头，“每次开会的议程能不能标准化一下啊，不能有的时候检查上次会议决议的执行情况，有的时候就不检查。我看啊，老大，我们是不是老埋头工作，精于各自专业，但在开会方面，其实都挺不会开会的……”

刘静的一番话让大家再次安静下来，暗自心想：“我自己会开会吗？这几个同事会开会吗？头儿欧阳擅长开会吗？”

作者博客上的网友评论

Xinhe

我遇到的情况开会时总是跑题，最终是该议的没有议，下次继续开会讨论。

白阳

会风不正，我认为原因有以下几点：

（1）领导是嘴上重视，心里无所谓。会上逞口舌之快，会下不闻不问，等发现问题雷霆千钧，抓住“替罪羊”了事。

（2）会议召集者沟通不力，往会上一推了事。出现问题大家互卸责任，反正也没有评价指标，说好说差也在两可。

（3）参会者面上配合，实则各怀心事，有利则趋，无利则避，言之凿凿，反正其他人也搞不清楚状况。

（4）最后苦了执行的员工，妄传之言其有做好的可能。“死得很难看”的人皆因不是“自己人”，必然干多错多，越能干反而错的越多。

总之，会议管理满是“必需的废话”、“一致的不理解”和“全体的没关系”，如果再配合以稳定、平衡的企业内部文化环境，那就更加的文山会海，什么也不解决了！

1 八家国外知名企业怎么开会

一、3M 公司：控制会议人数

在 3M 公司（他们有个著名的产品是黄颜色有黏性的方块纸：报时帖，不知道这个绝好的创意来自哪次会议），各类会议强调控制会议人数，控制那些来开会的“无关人士”。以下是他们的经验（如图 2－1 所示）：

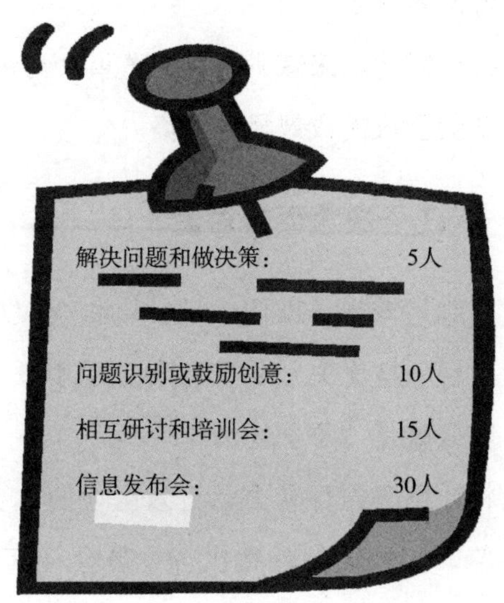

图 2－1 3M 公司控制会议人数

二、荷兰银行：运营、战略议题分别讨论

我们都知道，高层会议除了解决日常运营问题，更重要的是针对企

业战略进行决策。然而事实如何呢？许多高层会议的议程常常被日常运营问题“淹没”，而留给重大战略的讨论时间非常少。

与大多数公司一样，20 世纪 90 年代初，荷兰银行董事会的大部分时间都是用来审查贷款和讨论日常运营的，花在战略讨论和资源配置决策上的时间少得可怜。

怎样才能做到运营和战略问题两不误呢？2000 年 5 月，胡宁克出任该行董事长，对会议进行了改革。

以前：按照惯例，荷兰银行每周召开两次董事会，每次 3 小时，全都是讨论运营问题。

改进后：他们每周开一次运营会议，然后每月花一整天讨论战略问题，制定重大的资源配置计划。

效果：总的会议时间比原来减少了，而董事会讨论战略议题的时间却大大增加了，董事会会议的成效显著提高。

三、吉百利：专注于决策而非讨论

高管会议的时间弥足珍贵，即使一开始就将会议确定为战略决策，仍不能避免会议上出现一些无关紧要又无休止的讨论。会议结束时，要么匆匆做出决策，要么就是“下次继续”。

英国糖果和饮料业巨头吉百利史威士公司（简称吉百利），在这方面为我们提供了借鉴。该公司的首席执行委员会（简称 CEC）每年都要组织召开 6 次会议，专门讨论重要的战略和组织议题。

为了避免无休止的讨论程序，吉百利公司从 1997 年起，规定每次 CEC 会议的前 5 天，所有的阅读材料就要发到与会者手中，让他们在会议前就能充分审阅材料，熟悉重要的战略议题，从而在会议上，快速做出高质量的决策。

同时，该公司还没有忽略这样一个细节：在阅读材料上附上一张标准封面，在每一个议题旁边都标明，**该议题“仅用于信息分享”，还是“作为讨论的议题需要行动和决策”**。

这么一来，与会者就很清楚，在会上他们可以将标有“仅用于信息分享”的议题“拿到会议外去讨论”，而为“行动和决策”的议题留下更多的时间。

四、罗氏：先弄清楚议题的真正价值

也许你面前正摆着 5 项议题，而解决其中一项所能创造的价值比解决其他 4 项所能创造的价值还要多 20 倍。这时候，你不应该再有犹豫。

但问题是，会议中各个议题的重要性很少能标得如此明确，这样就有可能导致高层会议郑重其事地讨论着一些无足轻重的议题，而那些对企业发展至关重要的议题却被“扔”到了中低层会议上。

对此，罗氏公司 CEO 弗朗兹·休谟创建了一个“决策议程”，列举了公司面临的十项最重要的机遇和问题，并将每项议程的“风险值”，也就是每项议题对公司长期发展的影响加以量化，最终把会议的一大半时间花在那些重要的议程上。

五、卡地纳健康公司：尽快将议题划掉

议程确定以后，就要尽快将议题从议程上划掉。所谓划掉议题，就是以明确的方式、在规定的时间内将这些议题一一解决掉。

卡地纳健康公司的创始人和 CEO 鲍勃·沃尔特就是这种模式的“积极拥护者”。在他们看来，拖延其实就是一种对议题的否定，而且是“一种最差劲的否定”。

在卡地纳健康公司，管理者心中都有一份决策的“时间表”，每个

管理者都清楚地知道这项决策必须何时做出，每个人都确保能根据自己的时间表做出决策。鲍勃·沃尔特同样也有自己的决策时间表，并认真对待，确保自己能在规定的时间内做出决策，然后将议题从议程中划掉。

六、劳埃德 TSB 银行：有 3 种不同的备选方案

对于管理层来说，在对战略进行讨论或审批前，如果能有 3 种或以上不同的方案备选，且这些方案之间必须有真正的本质上的不同，则有可能选择到更合适的方法。但事实上，能真正做到有多个可行性方案备选的企业并不多见。

劳埃德 TSB 银行的前董事长布赖恩·皮特曼就曾采用 3 种以上的备选方案这一模式来实现业绩突破。在批准银行的每项业务战略前，他总是坚持要收到 3 种备选方案。

“如果想对你要接受的东西有把握，你就必须弄清你要拒绝的是什么。”布赖恩·皮特曼说，“总会有更好的战略，只不过我们还没想到罢了。”

七、巴克莱银行：采取通用的流程与标准

一些公司的管理层常常有这样的困惑：在决策中，很难做到质量和速度“两全”，往往为了追求一方面，一不小心就把另一方面丢了。

但如果管理者能在同一时间一并考虑多项议题，那么虽然单项议题决策的速度不能加快，但总的决策速度必定会大大提高。要能做到这一点，巴克莱银行 CEO 曼金斯认为，前提是公司在制定决策时都使用通用的语言、方法和标准。

就巴克莱银行而言，其总裁巴雷特坚信，公司业绩的提高主要归功

于决策质量和速度的“齐头并进”。这种“齐头并进”的前提，就是所有的战略决策都要经过 3 项检验，并且这 3 项检验必须在组织上下都得到充分理解。

这就意味着，这些决策必须使用统一的标准——通用的语言和决策的方法。

八、加拿大铝业：将决策贯彻到底

决策已经在高层会议上通过了，可是问题并没有结束。有些当时讨论得热火朝天的决策并没有在公司得到贯彻落实，可能是需要重新解读，也可能是受到暗中抵制——高层会议的决策又被搁浅了。

为了避免决策“流产”，加拿大铝业、巴克莱银行、荷兰银行等公司，都想出了一个绝妙的点子：将资源配置与战略审批联系在一起。

在做出战略的规划后，立即签订一份正式的绩效合同，在合同中明确指出执行战略所需的资源（时间、人才和资金）及管理层允诺实现的财务目标。这样一来，一方面，领导层一旦发现执行战略所需的资源和预期结果不明确时，可以拒绝批准，从而敦促管理层做出更好的决策；另一方面，绩效合同实际上更像一份跟踪体系，一旦发现某部门未能达到预期的绩效水平，则这些“问题战略”就有可能在高层会议上“回炉”。

注：以上八个小例子摘自哈佛《商业评论》2004 年 10 月，迈克尔·曼金斯（Michael C. Mankins）。

2 开好单一会议的 5 个步骤

没错，一次高效的会议，需要有技巧的组织人和有技巧的参与者，二者缺一不可，否则，就会一个巴掌拍不响了。

表 2－1 总结了两者在会议 5 大步骤中分别要履行的职责，当然，所有这类“N 大步骤”的总结都是见仁见智的，每个开过会的人都有自己的总结。无论如何，这些前人的总结，如果成为“铁的纪律”，为所有开会的人遵守，成为“高效的会议文化”，那么还是有很大价值的。

表 2－1 会议 5 大步骤：组织者和参与者分别担当的职责与需要掌握的技巧

	会前准备	会议开始	会议进行	会议总结	跟踪执行
组织者	■ 确定会议目标和希望达成的结果 ■ 决定是否召开会议 ■ 准备背景资料 ■ 确定会议日程 ■ 邀请适当的出席者 ■ 准备场地，保障会议顺利开始	■ 宣布会议目标、主题和讨论日程 ■ 确定会议记录人员 ■ 制造积极沟通的气氛	■ 按照日程进行讨论，防止偏离主题 ■ 积极启发、引导，把握讨论方向 ■ 处理冷场和冲突	■ 根据会议纪要和个人发言进行总结 ■ 形成决议和待议开放问题 ■ 提出行动计划	■ 监督会议决议的执行并及时控制 ■ 跟踪待议问题
参与者	■ 根据会议主题和日程进行准备 ■ 按时出席会议	■ 宣布会议目标、主题和讨论日程 ■ 积极思考，准备沟通	■ 主动思考问题，积极表达看法 ■ 鼓励他人发言，仔细倾听他人发言	■ 总结补充	■ 执行会议决议并及时反馈 ■ 继续思考待议问题

3 开好单一会议的“四项基本原则”之一：无目标不开会

以下四个小节的内容，我们合并称为“开好单一会议的四项基本原则”（如图2－2所示），也就是说，会议目标、议程模板、会前充分准备和会中决策流程，四者缺一不可，否则会议高效难以保障。

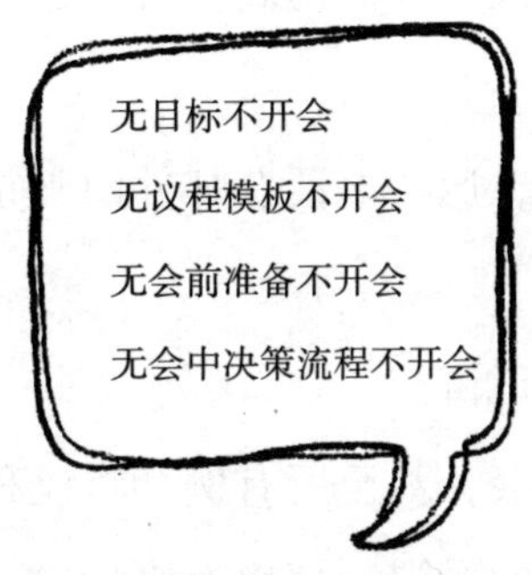

图2－2 开好单一会议的四项基本原则

其中最重要的是什么？是不是与会的人都准备不足，没有带脑子和嘴巴来开会？因此，是不是要敦促每个来开会的人做充分准备呢？——不是！

是会议目标不明确！

连会议的目标都不明确，就遑论会前准备，又让来开会的人围绕什么来准备呢？

因此，组织者/主持人一定要多问自己为什么开会。请读者注意，其实这已经延伸到“会议体系”“扫天下”的问题了，如果已经做好了会议地图（第三章会谈到），即明确了哪些会要开、哪些会不开、要开的那些会议的目的是什么，那么“扫一屋”的时候执行就好了，就不必再为这次会议的目的是什么而烦心了。

如果暂时不谈会议体系，关于“会议目标明晰”，还是有一些速效小技巧的：

◆ 制定会议通知模板，“会议目标”应是必写项目，如不写就可以不参加。

◆ 为了提示会议发起者，提醒他们不要动辄发起一些花钱多办事少的会议，可以制定一个制度，要在会议通知上写明本次会议的成本。

◆ 取消不必要的会议，从而提高会议的目的性。

可选的办法有：

◆ 寻找可替代途径，通过电话、邮件而不是会议来咨商。

◆ 会议合并。

◆ 偶尔取消一两次试试。

◆ 取消不必要的例会，甚至所有例会将议程合并到急需时才开。

◆ 所有多少人以上的会议，都得上级批准。

……

4 开好单一会议的“四项基本原则”之二：无议程模板不开会

会议目标决定以后，然后是议程的问题。一般企业都很重视“会议的议程”——议程表。

很多经理拿到议程表后，会批评说“事前公布的议程不当”，那么，检验议程是否得当的标准是什么？唯一的标准又是什么？

标准是根据目标来确定议题，根据议题的重要性排定先后次序和时间先后。

图 2－3 是 HP 公司业务单元战略评审会的一个议程，供参考。

部门：	被评估者：	评估者：	日期：

0.0)简介，介绍评估日程，整理图表(15分钟)

1.0) 战略重点(60分钟) 1.1) OPTS分析与战略总线 -客户与合作伙伴需求 -了解竞争对手 1.2) 目的、任务、发展计划 -价值，对客户的关注程序 1.3) 价值实施系统	2.0) 业务规划(15分钟) 2.1) 规划系统—流程、时间 -包括客户需求(在计划中) -协调(目标与资源) 2.2) 关键业务指标 2.3) 年度计划 2.4) 业务基本要素统计表
3.0) 流程管理(30分钟) 3.1) 流程结构与组织设计 -部署与评估计划 -管理相互关系 3.2) 主要流程管理/控制-PPMs 3.3) 改进措施表 4.0) 改进项目(20分钟)	5.0) 领导层/参与(15分钟) 5.1) 领导层 -管理者所作的工作(确保成功) -决策(与交流) -创新(领导者在基中的作用) 5.2) 对人员的战略培训

6.0) 参与人员反馈(15分钟)

图 2－3 HP 公司业务单元战略评审会的议程

从这个例子可以看出，单个会议要做到紧密围绕“议程”，而不是围绕“跑题”或者“老总训话”，也不是以“部门扯皮、议而不决”为中心，就一定需要把议程做成模板，使之标准化，并坚定执行，持续改进这个模板。

议程的标准模板是什么？和一份临时起草的、口头通知的、拍脑袋决定的、开到哪儿算哪儿的会议议程有什么不同？

◆ 它是对以往会议经验、教训的沉淀。

◆ 它是对会议目标的树形分解结构。

◆ 它是对会议各个议题重要性的取舍和排列。

◆ 它是对会议各段时间的约束和提醒。

◆ 它把会前准备的颗粒度变小、变细，从而使得真正的会前准备成为可能。

以某企业的年度战略规划质询会为例，即高层领导通过年度战略规划质询会对各单元的战略规划进行集体质询，我们看这个会议的安排（如图 2－4 所示）。

关于会议的时间分布，既是一件有科学性也有艺术性的事情。我们列举了一些会议时间需要考虑的因素，请读者结合图 2－4 进行思考：

◆ 计划未来的时间

◆ 总结过去的时间

◆ 解决问题的时间

◆ 陈述事实的时间

◆ 采取行动的时间

◆ 赞美的时间

◆ 理解的时间

会议目的：
为公司年度最重要的管理会议，对各业务群及下属业务单元的战略规划进行质询，提出修改意见，以确保其严谨性及可行性

参加人员：
总裁，公司战略规划、财务、人力资源、副总裁，各业务群副总裁，及各业务群下属业务单元总经理(只在质询本业务群规划时出席)

时间：
九月上旬，三天(在公司以外的会议地点，以避免干扰)

会议议程
- 总裁介绍公司总体战略方向及其目标
- 战略发展副总裁介绍公司总体战略规划(初稿)
- 战略发展副总裁宣布会议规则
- 各业务群呈报业务群及业务单元战略规划，接受与会人员质询
- 战略发展副总裁总结发言，介绍修正后的公司总体战略规划，明确各业务群需修改的要点及时间表
- 总裁总结/宣布闭会

会议规则：
- 各业务群以及业务单元的呈报材料图表一律用投影形式，按要求格式不超过10页
- 质询及对质询的应答要求以事实及数据为基础
- 质询对事，不对人
- 与会人员对各业务群及业务单元战略规划有质询权，总裁对修正要求有终决权

需提前准备的材料：

材料	提前量
战略发展副总裁下达的会议议程及规则，材料要求	3周
战略发展副总裁下达的公司总体战略规则(初稿)	4~5周
各业务群及业务单元战略规划	1周

会后后续活动：
- 战略发展副总裁总结、分发会议上关于各业务群及业务单元规划修改要求的要点，规划完成时间表
- 完成修改，战略规划部跟踪进度，总裁最终审批

图2-4 某企业的年度战略规划质询会

◆ 诉苦的时间

……

5 开好单一会议的“四项基本原则”之三：无会前充分准备不开会

我们说，会议的“共同时间”是一种宝贵的资源，最好被用在人们无法单独解决的问题上。因此，个人为会议作充分准备，就可以提高“共同时间”的质量。

那么，在会前准备阶段，除了按照“议程模板”进行个人准备，还有哪些需要预防的问题呢？

一、决策人不能出席

在非常情况下可以考虑的攻略是在事前明晰一条原则并告知：如果决策人不能出席会议，则会议当即取消，让决策人感觉到自己不能出席是有代价的，对他人是有时间拖累的，从而，提高决策人的会议时间安排的合理性、确定性。

二、会议可能冗长拖沓，挤占吃饭和就寝时间

攻略：设置一名“休息经理”的角色（最好不是行政职务最高的人，也不是会议组织者），有权力决定会议何时休息。

国内某民营企业曾经宣布“站着开会”，避免与会者太舒适，从而达到开短会的目的。IBM 也曾经实践会议时间延长，就出现警示音以提醒。

三、会议规模不当、人员安排不当、无关人员参会

攻略：由于“沟通管道”会随着“与会人数”成几何级数增长，N个人会有N×（N－1）个单向沟通渠道，所以在决定与会人员的时候，要首先问“××可以不来”，而不是“××也可以来”。

四、地点选择不当

出现因设施、场地大小、干扰和交通等因素导致达不到目标。

攻略：换位思考，模拟出行，至少需要两次场地的会前调试。

当然，要做到会前准备充分，光靠事前筹划是不够的，还要靠会后反馈评价，以形成一个事前事后的闭环，不断总结、不断反思改进。

我们给出一个会后反馈评价的清单如下：

◆ 会议目标是否清晰？

◆ 议程与有关资料是否在开会前的适当时间内收到？

◆ 会议是否准时开始与准时结束？

◆ 倘若会议不是准时开始与准时结束的，为什么？

◆ 会议是否按议程所制定的次序进行？

◆ 会议目标是否达成？

◆ 如有必要分配工作并决定其期限，则这些事是否被做好？

◆ 在全部会议时间内，有多少百分比的时间没有被有效利用？为什么？

作者博客上的网友评论

白阳

会前的毛病还有：

（1）尽量明确各部门参加会议人员或参加会议的岗位要求，避免开会时“该来的没来”，来的又不当家。

（2）前期的调研提纲或是需要重点讨论的问题，应与相关部门提前交换意见，做好准备。会议当场的反应往往是出于直觉、部门利益及私人关系做出的，难以客观理性。

（3）最重要的是参会的总经理要提前确定基调，避免会议中又各行一套，让发起人当面出丑。

6 开好单一会议的“四项基本原则”之四：无会中决策流程不开会

到了会中的决策，最容易出的毛病是什么？**议而不决**。就像有的会议一样，都开到华灯初上，连扯皮都没有力气了，但该决策的事情还没有个说法。而且，估计这种议而不决的会议，还是同一个主题，还会再开一两次。

怎么办？在会议的决策角色上，可以使用 RAPID 决策模型。要想决策快，就要明确 5 种决策角色，先后顺序是：

◆ R：Reference 建议者的角色

◆ I：Input 参考意见者的角色

◆ A：Agree 批准者的角色

◆ D：Decision 决策者的角色

◆ P：Practice 执行者的角色

各位读者可以结合图 2－5，思考这 5 种角色怎样配合发挥作用，以及在你经历的一次会议上，有没有人同时扮演多个角色？

值得说明一点的是：批准者和决策者有区别吗？有，而且这种区别既非常重要又很微妙。

首先，承担批准角色的人对建议拥有否决权，行使否决权会引发他与建议者之间发生争论，促使对方修改建议。

其次，如果争执不下，他们就会把这个问题交给手握决策权的人。

最后，拥有决策权的人是正式的决策制订者，能打破决策过程的僵局并让组织投入行动。

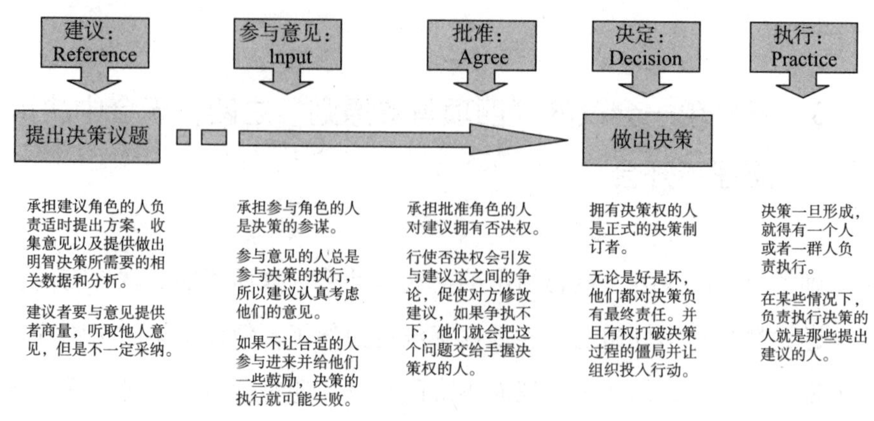

图 2－5　会中决策 RAPID 模型

会中决策以后怎么办呢？还是要靠模板来推动行动。有一些企业给出了纠正行动表的模板以及填写示例（如图 2－6 和图 2－7 所示）。

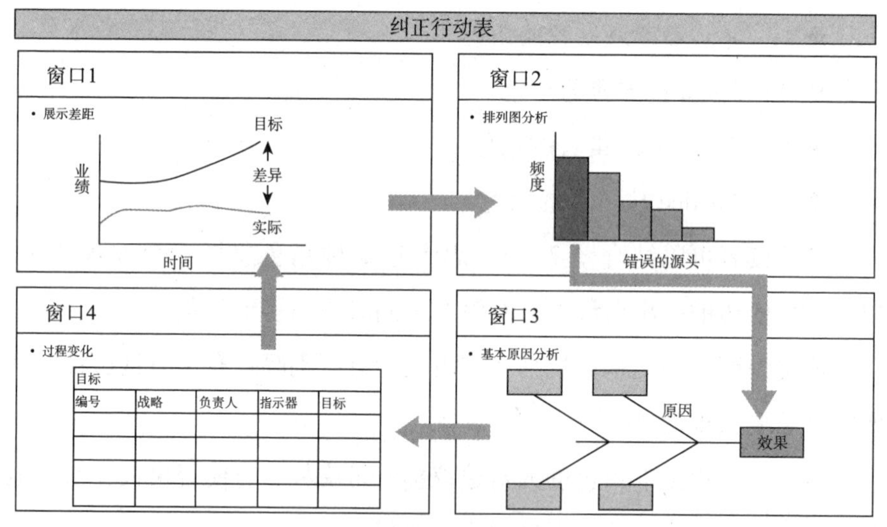

图 2－6　纠正行动表模板

好了，让我们回忆一下欧阳办公室刘静、李标的那些抱怨："有会议目的吗？""有关于会议议程的决策吗？""有会前准备和会中决策

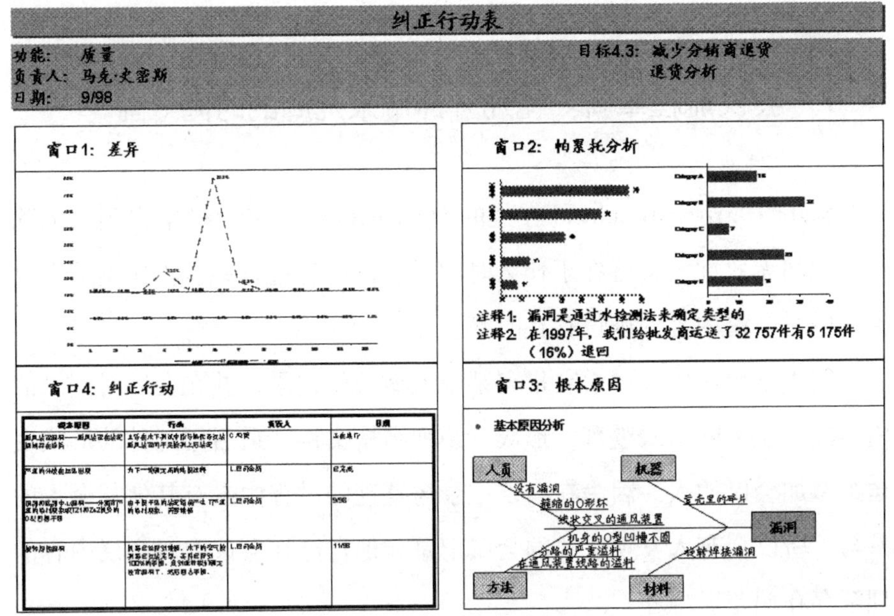

图 2－7　纠正行动表填写示例

的吗?”

为了避免“会议目标不明确→会议议程就不清楚→会前准备就不充分→会中决策就议而不决→会议就让人觉得冗长而枯→就逃会和迟到”这个恶性循环，我们就要谨记“可以不开会的四项基本原则”。

7 会议流程革新：花几分钟带来几周的时间效益

Keith Harrison-Broninski 在他的 Human Processes 专栏中提到，消除开会时间无效性的关键在于什么时间对会议内容进行确认。典型的会议流程中对会议内容的确认存在时滞。

在大型会议中，通常会指定某个人做会议记录，并在会后对记录的内容按照既定的格式整理，形成一系列结构文档，最后用邮件的形式发送给参加会议的人。因为在会议记录与整理的过程中没有其他与会人的参与，所以会有人发现正式的会议记录和他自己在会议上对会议内容的理解存在偏差。

在小型讨论会中，通常没有正式的会议记录，所以对会议内容每个人都有自己的理解。有时就因为理解不同，而且只有到决策在执行的时候才发现自己对会议的理解有偏差，需要进行调整和确认。

综上所述，消除开会时间无效性的关键**在于参加会议的人在会议的进行过程中可以对会议内容达成一致的理解**。这就要求：

（1）会议记录人能够实时记录下会议内容，并与会议参加人共享。

（2）会议参加人能够在会议过程中回顾会议内容，在与会人之间对记录的内容进行讨论和必要时的修正，以期实现在会议结束时能对会议内容达成一致的理解。

典型的会议流程中就是缺少了对会议记录的回顾和讨论。即使有也是在会议之后，因此一些不可避免的修正只能通过再次组织小型讨论会，甚至再一次重复原来的会议，严重浪费开会时间的无效性，更严重的是由于因为会议时间的拉长使得会议之后的决策执行被搁置。

现在的会议室基本都有配套的个人笔记本和投影仪，客观条件已经不再是会议流程得不到改进的理由，即使打字速度跟不上会议进程，我们也可以通过速记的方式，用投影仪将会议记录的手写版共享。在会议结束前的五分钟，让每个与会者对会议记录的内容进行回顾、讨论和必要的修正，之后及时将讨论后的内容用邮件的形式发送给每个参加会议的人。这种简单而且零成本的流程改进，可以有效地改善开会时间的无效性，花几分钟就能带来几周的时间效益。

8　案例：A 公司经营绩效检讨会议制度

一、会议性质

此会议既是公司的经营工作会议，又是部门绩效的评价会议；既是绩效的沟通过程，又是绩效的诊断和提高过程。

二、会议目的

◆ 根据董事会确定的公司发展规划及年度经营目标、预算，研究制定公司周、月、季的工作计划，决定企业的经营策略。

◆ 对各部门的主要工作、绩效指标进行检查、评价。

◆ 解决各部门在经营工作中所暴露的问题、所遇到的障碍，分析其原因并采取必要的策略措施。

◆ 协调各部门在计划、方法、工具、进度、人员、设备上的冲突和矛盾；传达、贯彻集团总部的经营动态、会议精神，安排、布置新的工作任务。

◆ 增加各部门的团结合作，提供一个公开、公正、平等、民主的质询与辩解平台进行绩效沟通。

三、会议时间与地点

◆ 每月财务月报出的 10 日前后，会期半天，于上午 9：00－12：00 进行。

◆ 地点在公司综合楼三楼多功能厅。

◆ 具体时间按每次下发的会议通知执行。

四、会议主席

◆ 总经理或执行副总经理。

◆ 总经理无法主持会议时，由其指定其他副总经理代为主持。

五、与会人员

◆ 部门副总经理以上人员，原则上不许缺席，部门主管因故缺席必须指定他人代为参加。

◆ 其他相关人员按会议通知可列席会议。

六、会议准备

◆ 各部门在本月绩效检讨会议后即确定一人（建议为经理）代表本部门进行汇报，汇报人应提前收集、观察和记录本月本部门汇报主题或其他重要事项所需要的信息。

◆ 会议通知应在召开会议前三日下发。

◆ 会议召开前三日，各部门将《部门绩效考核评价表》报总经办人事科，人事科负责将其分发至公司领导和各部门。

◆ 汇报人可以据此提炼和补充本单元的主要业绩指标或其他汇报材料，公司领导和其他部门据此就某些重要事项或重要误差在会议上进行质询。

◆ 汇报资料除绩效指标外，还要包括主要指标所涵盖工作的详细分析、报告资料、临时任务、短板要求、其他专项工作的详细资料及各种资料的 PPT 演示文档。

七、会议程序

◆ 按以下顺序进行报告：行销部、采购部、生产部、技术品管部、财务部、总经办。

◆ 各部门指定汇报人代表本部门进行汇报，汇报时间限制在 30 分钟（含简要质询、答辩所费时间，下同）。

◆ 与会人员可进行质询，汇报人（或相关责任人）必须对此做出合理、真实的解释说明。

◆ 会议主席在听取汇报、质询及辩解后，应做出必要的指示或裁决并指定负责人。

◆ 对较大、较复杂的工作事项，一时无法在会议上做出明确决策时，可由会议主席指定部门或专人在规定期限内进行专题研究并提出解决方案呈报本次会议主席。

◆ 绩效会结束后，由会议主席当场评价各部门的汇报质量和效果并排序。

八、会议内容

均按照《部门绩效考核评价表》的思路和顺序进行汇报，显性业绩、短板要求、临时任务为主要汇报内容，绩效管理、学习与创新为次要汇报内容，基本职能无显著提升或错误，原则上不汇报。

针对某项指标代表的工作业务内容，可配以图表或文字详细说明，进行预算对比、计划对比、同期对比、上月对比和对手对比等分析。

九、其他

◆ 经营绩效检讨会议完成后，由总经办负责在 48 小时内下发书面会议纪要，包括各部门的主要绩效完成情况，存在问题及解决办法，新安排和布置的工作任务、会议精神或决议等。

◆ 人事部门应就公司领导和各部门对《部门绩效考核评价表》的质询意见核实并修正计分。

◆ 各部门将此会议纪要作为未来一个月工作的指导性文件予以执行，如有必要，应制定绩效改进计划或召开局部会议安排布置落实。

◆ 经营绩效检讨会的决策权（董事会授权范围内）属于会议主席的职责，会议主席必须对每一议题有所明确决定。

◆ 在会议主席做出决策之前，所有与会人员对他人（不论职务高低）的汇报、发言均享有质询权。汇报人、发言人对所有质询必须做出合理的、真实的解释，也可指定单元内相关经理做出解释。

◆ 会议中凡被会议主席指定负责执行某项工作的人，即为该项工作的授权人。若因困难无法完成所定目标时，应立即反馈，并提出寻求支持的具体要求或应采取的补救措施。被授权人若有失职，应自己承担其失职责任。

9　自测题：我是一个擅长开会的人吗

这份测试题有选择题，可单选、可多选，还有连线题、开放性问答题。每题都是2分。

1. 以下哪些因素会导致会议质量不高：

（1）时间

（2）地点

（3）与会人员的选择

（4）主持人的技能

（5）参会者的技能

（6）会议的准备工作

（7）开会的原因、目的和结果

2. 就会议的时间安排而言，以下哪些说法是正确的：

（1）上午8－9点之间，正是员工从家到公司、心绪尚且混乱的时候，从人的生理和心理角度来看不现实。

（2）上午9－10点之间，最适合进行一对一型的会议，同样也是进行业务会谈的最佳时机。

（3）上午10－12点或下午1－3点之间，最适合开展集思广益型会议，利用头脑风暴想出新点子、新方法。

（4）下午3－5点之间，最好不要安排会议。这时员工进入倦怠期，人人希望马上回家。

3. 关于会议地点，你会在何种情况选择下面的何种地点：

（1）您的办公室

（2）下级的办公室

（3）公司的会议室

（4）外面的会议室

（5）城外的会议场所

4. 所谓会议规范，是指大家达成共识的会议守则。会议规范主要包括以下条款：

（1）所有与会者的每周工作安排时间表共享给会议安排人，以找出最适宜所有参会人的开会时间。

（2）超过8小时的会议需要有书面通知、议程表及相关资料，低于8小时的会议不需要。

（3）所有与会者都要准备在会上发言。

（4）准时开始，准时结束。

（5）所有与会者应知道维护别人的尊严，不在会中羞辱别人。

（6）意见不同是好事，甚至有人扮“黑脸”。

（7）会议结束一个月内，所有与会者应拿到会议纪要。

（8）所有与会者应承担起对会议质量进行反馈的职责。

（9）必要时请第三方监控，以保证会议质量。

5. 请将下面的三列（会议频率、会议种类、会议注意事项）进行连线：

会议频率	会议种类	会议注意事项
（1）随时	A 固定的部门间会议	切忌频繁，否则会让员工觉得日日危机、工作无条理
（2）至少每月一次	B 处理突发事件的会议	可以随时发生，但最好不要超过一小时

续表

会议频率	会议种类	会议注意事项
（3）至少每半年一次	C 一对一会议	传递价值导向的好机会，但太频繁会造成公司负担
（4）随时	D 全体会议	不宜多于每周一次，否则易形成朝令夕改的不良习惯

6. 在一对一会议中，你会在何种情况选择何种座位安排：

（1）　　（2）

部分参考答案

第 1 题参考答案：全选，您是否同时勾选了“会议的组织人”与“会议的参与者”？

第 4 题参考答案：(1)（3）（4）（5）（6）（8）（9）。[（2）不正确是因为非“8 小时”而是“1 小时”，（7）不正确是因为非“一个月”而是“两个工作日”]

作者博客上网友的评价

（针对自测题第2题）

叶葆春

自己的经验是：

（1）通常会在每周一刚上班开例会，虽然这个时间段存在上述的问题，但同时这个时间做其他工作也没有什么效果，不如用来开会，让大家小结上周的工作，说说本周的计划。这样可让大家尽快进入工作角色，但如果在这个时间段开产品创新会就有问题了。

（2）9–10点时间段，应避免开会。这个时间段开会往往半天的时间就没了，会前、会后与会者都会思考会议内容。

（3）10–12点、1–3点时间段整体来说是开会的好时间，但也得看是什么会，需要考虑12点肚子会饿、1点会犯困的心理因素。

（4）3–5点时间段，如果用来开一些一定要形成决定的会可能效果会很好，既然大家都想着回家，就不会拖时间，而要做决定再累也会认真的。

开会确实是个大学问，也是管理者的一个重要管理手段。

第三章

做好 85%的会议体系：“会议金字塔”和“会议地图”

"笃笃笃"，敲门进来的是李标经理，手里还有一摞厚厚的细分市场统计分析报表。欧阳想起上次牵头逃会的就是他，于是打趣说："最近还用'定时闪'吗？"

李标经理把报表放在欧阳那张棕色的办公桌上，不好意思地推推鼻梁上的眼镜说："嘿嘿，不闪了，早改成'感情秘书'了。"

"哦，这又是什么新花样？"

"没有新花样，就是把'定时闪'改做别的用途了。碰到老婆、老爸的生日什么的，我担心自己忘了，就提前把祝福的话写好，到时候就通过'定时闪'自动给他们拨打电话了。对了，上次我参加我们的客户联谊会，碰到一个多年未见的老同学，后来就约了他单独聊，我怕他事多忙忘了，也用了这个'定时闪'提醒他呢。"

欧阳笑着说："你啊，就是主意多。这么说，我们学习开会有效果了？"

"当然有效果，我们参考了其他企业的好办法，也提炼了自己的会议原则，还做成标语张贴在会议室里（如图 3－1 所示）。现在再开会，大家也都有一套共同的注意事项了，这也是开会有了共同语言，”李标说到这里，话锋一转，“不过……”

图 3－1　公司提炼的会议原则

欧阳感觉到他话中有话却迟疑在那里，想了想，就示意他到办公室一角圆桌的椅子那里坐下，自己也走到圆桌那里挨着坐下，欧阳想，这样比起在大办公桌那里的里外对坐，气氛总归是轻松随意了一些。

“想说什么就直说啊，我的性格你是知道的。”

李标见状，直言道：“要我说啊，现在都是小改进，大问题还没解决呢。我们的大问题是**老总龙头一乱摆，下属龙尾跑断腿啊**！当然我说的不是哪个具体的老总，是各级经理、各级老总。哪怕我们一个部门开会的本事提高了，但老总一有新主意，副总就要执行就要布置工作，副总布置的时候往往也要加上自己的主意和理解，这样到了欧阳你这总监一级。你又是一个追求完美的人，工作布置又细致一些，到我们就又是工作加码了，还没完呢，我们这级经理下面还有不只一级下属呢，所以各级老总的会议一变动、一改期、一调整，基层的人啊，就脚后跟打屁股，还是无头苍蝇到处有忙不完的会啊。"

欧阳想起总经理吴总的一个比喻，"工作就是要紧踩脚后跟"，意思是说，各级经理要紧密督促自己的下属落实工作，怪不得李标他们上次开玩笑说"一个月要被踩坏好几双鞋子"。

"你的意思是说，**各级经理、各个部门都牵头开会，整个会议体系还是乱糟糟的**？由于整体没有规划过，所以这里牵一发，那里就动全身，而我们是到处牵一发动全身？"

李标听出了欧阳的理解和认同，点头称是："是啊，我们公司还流行一段顺口溜呢：

老总忙，忙副总应该忙的事情，

副总忙，忙总监应该忙的事情，

总监忙，忙经理应该忙的事情，

经理忙，忙骨干应该忙的事情，

骨干忙，忙一线应该忙的事情，

基层一线也忙，天天忙着开会、汇报，还忙着思考总经理应该思考的问题：我们企业到底要怎么发展才能不忙？"

欧阳不由得笑出来，他想起最新一期公司内刊上的一幅漫画，如图3－2所示。

当时，自己看完这幅漫画一笑就过去了，谁知道李标今天又扯到这个话题上来。

"欧阳，你光笑不行啊，总经理挺重视你的，你是不是找个机会

图3－2 基层人员忙得快“钉”不住了

也给他建议建议。虽然说市场变，我们就要跟着变，可梳理清晰一些总是好事啊，是不是把我们这么多的会、这么多人的忙，也盘点盘点?”

“盘点”这个词印在了欧阳的脑海中，他曾经在仓储和物流部门做过，对于实物的一件件盘点，是再也熟悉不过了。他上次曾听管理咨询顾问跟他谈到“85%的问题是体系设计的问题”，还提到“管理的盘点、会议的盘点、制度的盘点、决策项的盘点、流程的盘点”，这些词的内涵经李标这么一触发，开始在他脑海中激荡起来、扩展开来、萦绕起来。

李标看欧阳陷入了思考，就开始道别向门外走去，临关门时还探头说一句：“欧阳，我还等着你给我报销踩坏的鞋子钱呢。”

作者博客上的网友评论

yss2012

“老总龙头一乱摆，下属龙尾跑断腿啊”，我的感受太深了！

KM实践者

外企有个词叫"management system"，就是由各种会议、决策和报表数据的传递路径构成的一个管理体系，由专门的部门控制节奏，跟踪决策。主要是针对高层管理人员的会议，还是比较有效的，可以参考。

孔宇

不知道企业的哪个部门管开会？我的判断是，会开不好的企业，人力资源管理的水平也好不到哪儿去。

1 什么是会议金字塔：划分会议级别

一、理清种类繁杂、主题纷杂的会议

欧阳终于开始从“扫一屋”到认真思考“扫天下”了。的确，看企业的全局，各种会议的确是种类繁多、主题纷杂。在一家如图3－3所示的企业组织结构之中，可能要开跨产业、跨地域的会，而且会议的主题可能如图3－4所示，至少有三个维度。

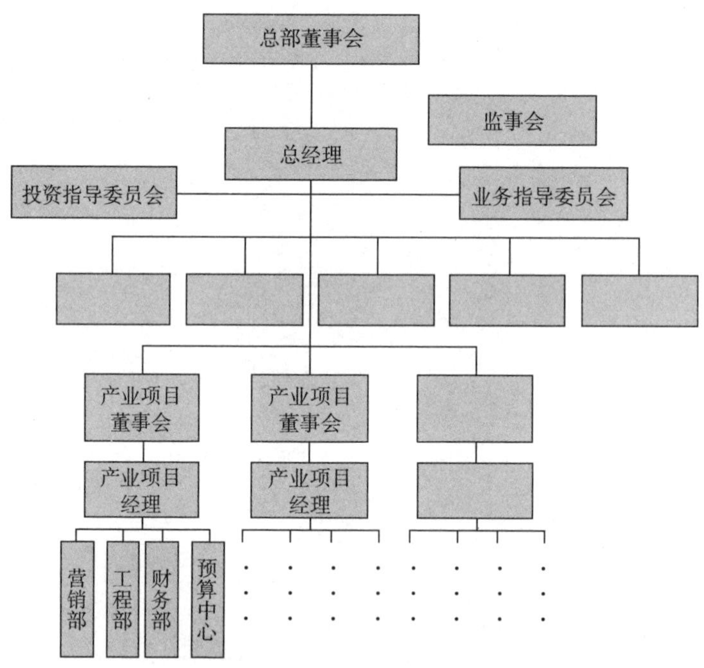

图3－3　某企业的组织结构

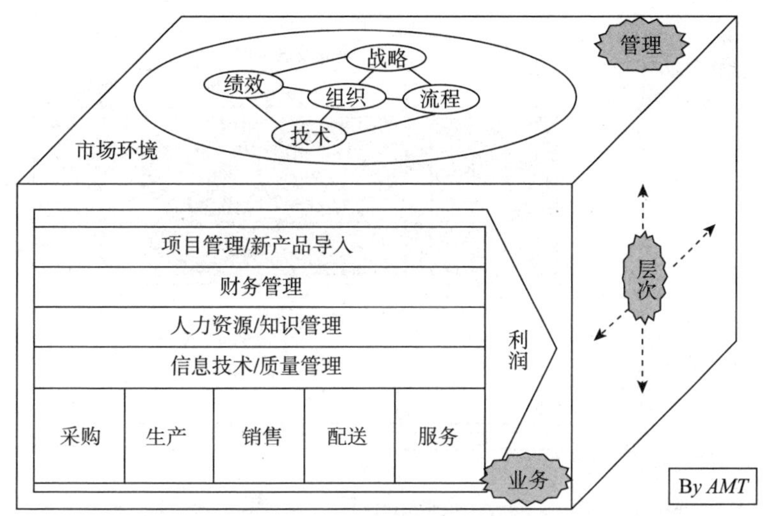

图3-4 企业管理立方体

◆ **不同的管理层次要开会：**从总部到大区、到分公司、到办事处，等等。

◆ **不同的职能部门要开会：**有产供销这些的经营部门，也有信息部、质量部、财务部这样的支撑部门。

◆ **不同的管理要素要开会：**从宏观战略会到流程沟通会、到组织架构会、绩效评议会、到IT方面的各种需求分析会、解决方案讨论会、上线准备会、并行期间纠错会、关键用户交流会，等等。

既然是看企业整体，那么我们抓大放小看全局，用图3-5把一家以营销为龙头的现代企业的经营分析体系从整体上展示出来。从图中可见，一级级的会议和一级级的流程将企业的战略及目标具体化，并进一步融入日常的运作中。

图3-4和图3-5告诉我们，企业管理是一系列有规律的活动，战略、组织、流程、绩效、IT、研发、生产、物流、销售……

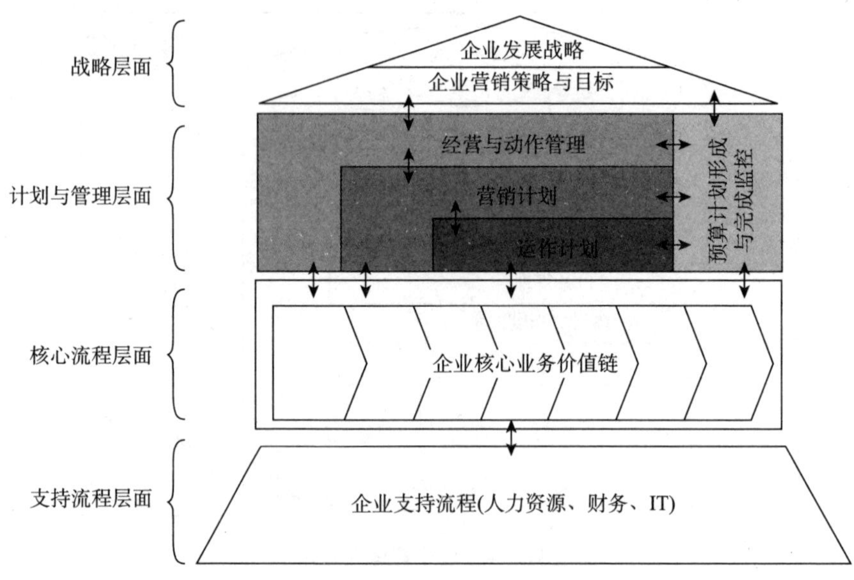

图 3－5　以营销为龙头的某企业经营分析体系

很多领域的议题，年年月月都会重复思考，那么能不能形成一个有规律的会议体系？即年初就明确全年的会议时间、待决定的议题、决策人和参考人的角色等。哪怕会议要变更，也是在一个达成共识的框架下，来增减新的议题，从而减少出现以下情形：

◆ 刚从外地回来，立刻被会议包围起来，从早上到晚上要参加 4 ~ 5 个会议。

◆ 公司里重要事情都需要领导决策。奇怪的是，重要的事情往往会出现时间冲突，负责安排总裁会议的同事往往不知所措，只好见缝插针。在一个高层参与人数较多的会议，塞进去很多议题。结果一会儿讨论战略、长远发展的事，一会儿讨论物流、销售额等迫在眉睫的事。高层领导在几种事情上轮番讨论，思维来回切换，会议决策效率不高。

◆ 经理天天在开会，几乎没有时间用来思考和行动。包括自己牵头的会议、只需要出席的会议、战略会议、经营管理会议……经理觉得自己分身乏术。

◆ 会议已经很多了，但是临时的会议还很多，管理无序。

现在，我们回头来好好思考一个根本的问题，**什么是会议**？是几个人碰头说话吗？当然不是。会议的背后，其实：

◆ 是决策项。

◆ 是各级计划的 PDCA 循环。

◆ 是"从行动到决策，从决策再到行动"。

表 3－1 给出了某项具体的业务决策和会议的对应关系：

表 3－1　某项具体的业务决策和会议的对应关系

目标	子目标	决策项	决策项说明	影响	决策时间/频率	决策方式	决策人
审核产品策划案	生意目标	确定新品策划案是否符合生意目标	不同品牌产品的生意目标		一次/半年	会议	总经理
		确定产品策划案是否与市场推广资源相结合	结合品牌营销/零售营销的资源		一次/半年	会议	营销总监
	目标消费者	确定产品符合目标消费者的偏好			一次/半年	会议	产品总监
	产品结构	确定产品结构	从四个方面考虑： 1）子品牌之间的结构 2）子品牌产品线内部的结构 3）商端产品的占比 4）跑量的产品组合		一次/半年	会议	产品总监

二、会议的分类

既然企业会议产生的根源是经营管理活动本身，所以必须从经营管理活动进行分类，差异化的管理。因为经营管理活动的决策规律不同，会引发不同的管理会议。

（一）时间触发的管理决策引发的周期性会议

这些会议是周期性召开，比如月度、季度、年度管理例会，半年一次的绩效考核、职级晋升、高管人事变革等会议。这类会议有固定的议题，结合当时的最新情况，会增补少数几个议题。

（二）流程触发的管理决策引发的里程碑式会议

这些会议是按照某一类管理流程展开的，比如一系列的战略管理会议，最终目的是要明确公司的战略。这当中有若干要回答的问题，比如，在哪里竞争、如何竞争、年度目标、费用预算……

哪些议题先定，哪些议题后定，这决定了相应的会议主题安排。业务战略和策略朝业务领域推进一步，财务目标和预算要细化一层，这决定了各部门的工作要配合好。

流程触发型会议，还有新产品开发、业务流程优化的咨询项目等，这类会议受企业运作特点的影响比较深。

例如，在服装行业的产品季，策划、设计、选图、开发选样和订货会前准备会等，每个阶段的节点标志就是审批会、协调会。

在房地产行业，每一个楼盘都是按照项目开展的。日本房地产企业东京建物株式会社 60 个人能做 40 个楼盘，而同类型的中国优秀企业水平是 300 个人做 10 个楼盘。东京建物株式会社把每个楼盘做一个项目，标准化地开 8 个会，会议的产出、与会人和议程非常明确，到哪个阶段，相关的决策都要全部按时完成。

（三）事件触发的管理决策引发的临时会议

这类会议是临时安排的，比如危机事件下的紧急会议、避免高管辞职引发动荡而开的会等。这类会议没有固定的议题，根据临时事件的重要性和紧急程度，邀请相关人员参加。可以想象，这类事件不宜多，否则会扰乱人们正常的工作步骤、优先顺序。

根据上述分类，如果把临时突发的会议分别纳入各类决策中，比如宏观的战略决策、中观的经营决策和微观的操作决策，再把流程触发的会议区分为战略流程触发的战略类会议和企业具体运营流程触发的运营类会议。

那么，我们给出一个"三层"的"会议金字塔"，如图3-6所示：

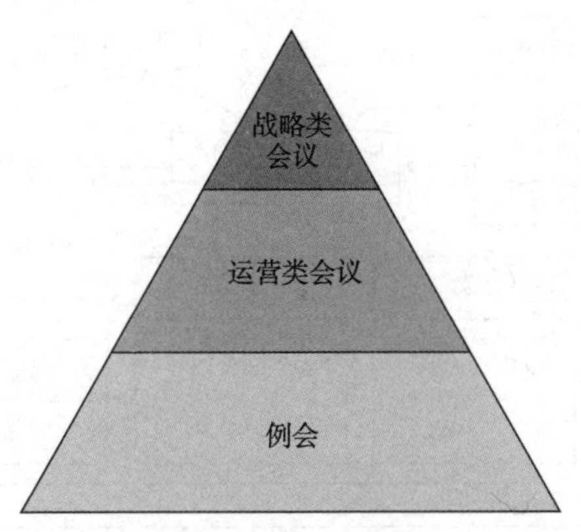

图3-6　会议金字塔

三、惠普的"十步法"：如何从战略到运营

图3-7中的十步法不是静态和孤立的，而是有偏战略的，有偏操作的，有重分析外部的，有重分析内部的，形成一个企业运作的循环（如图3-8所示）。

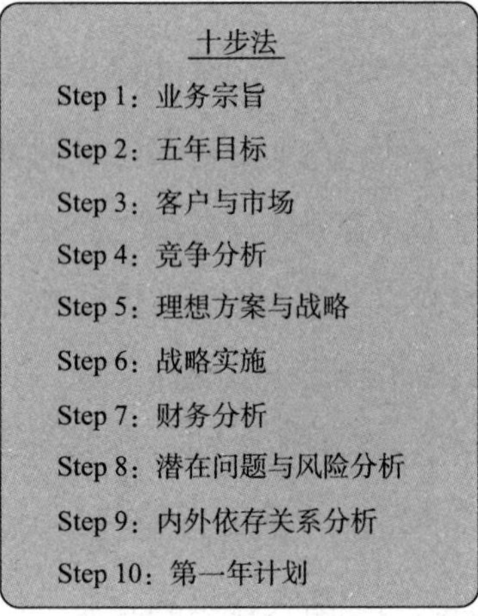

图 3－7　HP 的“十步法”：从战略到运营

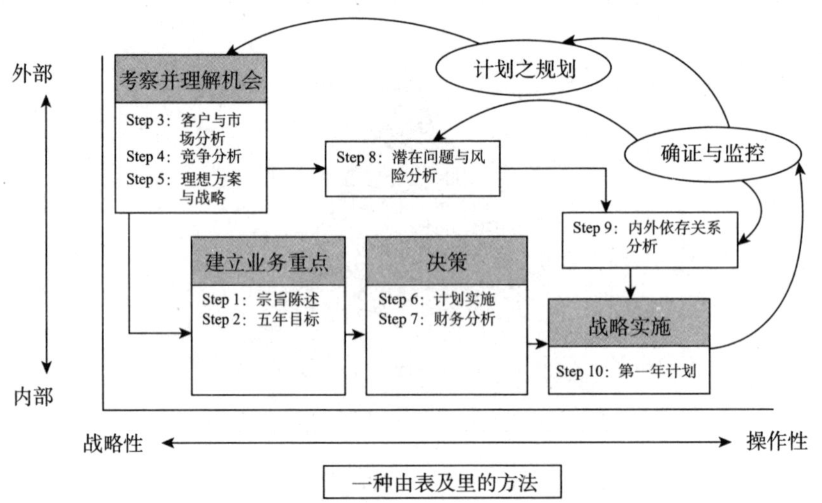

图 3－8　“十步法”的动态循环

其中，十步法的年度计划包括：

◆ 分析本地市场、用户及对手

◆ 选好行业和地域

◆ 确定并量化年度销售任务目标

◆ 预估实现毛利指标

◆ 确定人力资源投入及组织机构

◆ 找出关键性成功因素

◆ 定位急待解决的问题

◆ 确定市场销售策略

◆ 根据策略制定详细实施计划

◆ 得到完整资源计划及检查时间表

HP的经验强调，"PLAN IS NOTHTING，PLANNING IS EVERYTHING"（计划本身并不重要，计划的过程重于一切），意思就是这些会议、计划运作起来的动态执行过程，就是企业核心竞争力的一切，而具体制定出来的计划是什么、数字是什么，都是细节和自然的结果。

2　CEO 与营销总监的会议地图

如果把金字塔中的“战略会议”、“经营会议”、“例会”对应到岗位，那么我们就可以从岗位维度梳理出年度、季度和月度都有哪些会议要开，这些会议的逻辑关系是什么，前后顺序是什么。

表 3－2 我们给出的是某服装企业集团 CEO 和品牌总经理两个岗位视角的会议地图。在实践中，我们还可以分别做出他们每个人的会议地图。

表 3－2　某服装企业集团 CEO 和品牌总经理视角的会议地图

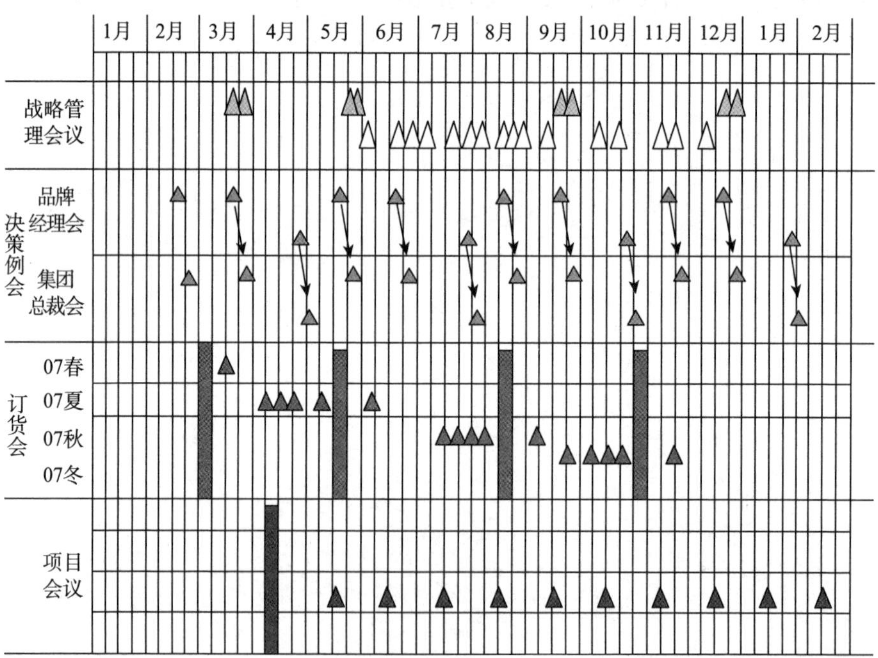

各位读者可能已经想到，各种不同的符号代表着一个个不同类别、不同时间要开的会议。如果这张"会议地图"是可以在电脑上查询的（我们可以思考一个"企业计划与会议管理软件系统"是否可以有这个功能），那么鼠标放在每个符号上，我们就可以看到这个会议的具体名称和必要说明了。表 3－3 是给出了部分会议名称的会议地图。

表 3－3　给出了部分会议名称的会议地图

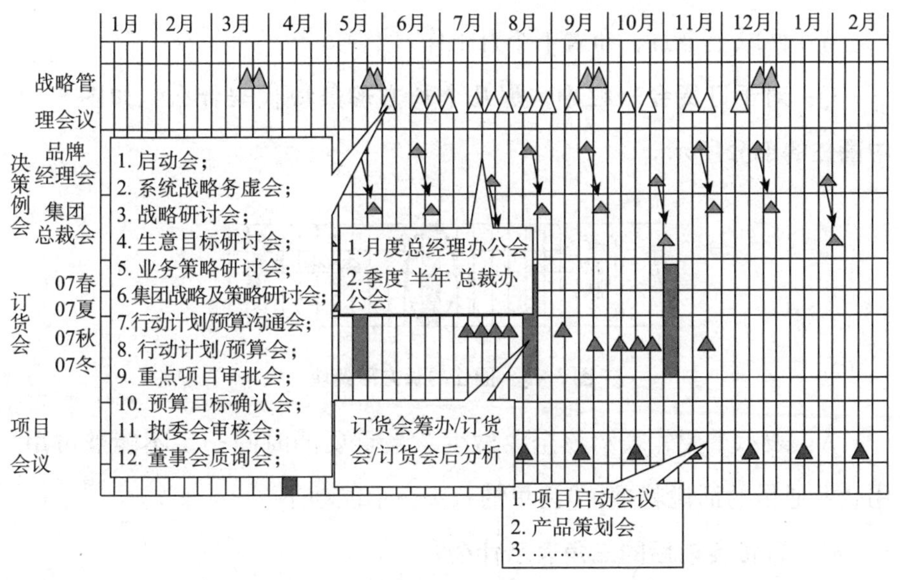

为了便于读者更好地理解这个会议地图的内容，我们整理了这样一些问答：

Q（问题）：这是谁的会议地图？

A（**回答**）：是 CEO、品牌总经理两个人的，以他们的岗位视角做的。

Q：第一行上下两层的三角分别代表什么会？

A：上层的三角代表的是董事会，下层的三角代表的是战略会。如果两个符号紧贴，表示两次连着的会、相邻两周开。

Q：品牌经理会和集团总裁会为什么一前一后？

A：品牌总经理不能决定的，拿到集团总裁会去讨论。集团总裁会是为了决策，不是为了传达。

Q：4 月、7 月、10 月和 1 月的符号更低，为什么？

A：表示“做季度总结”。

Q：为什么从每月第三周开品牌经理会？

A：回顾上个月，布置下个月工作。

Q：对于订货会一栏中，那几个长方形条块代表什么？如图 3-9 中圈住的部分所示。

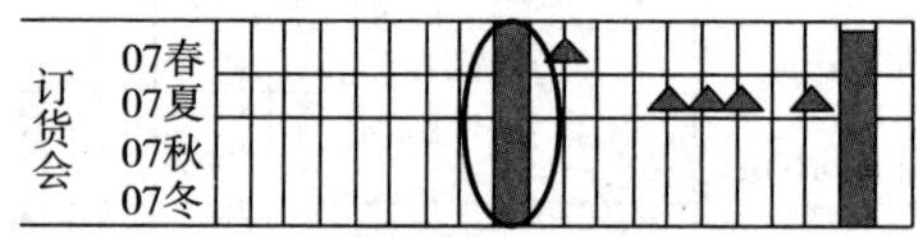

图 3-9　圈住的长方形条块

A：表示重要，表示该企业做生意最重要的时间**一定不能被占用**。用企业通俗的话说就是，“河里的石头，不能动了”。

Q：订货会前后的三角表示什么？

A：4 月三个三角符号，表示订货会的三次准备会。5 月一个三角符号，表示订货会前把各大区的销售人员、经销商的买手组织到一起来开会，以提供咨询，引导销售，进行关系建设。

Q：项目会议一行中的长条，表示什么？

A：启动会，很重要，需要剪彩。因为如果老总不到，那么该项目经理就会觉得伤自尊，觉得“老总认为这件事情不重要”，因此要特别提示。

Q：为什么做这个会议地图？

A：我们看一个"季节错过"的实例，一管窥豹。

该企业的新品设计往往是5~7个项目同时推进，产品部门的设计师就要在不同项目之间切换，通知开会就开会。于是，设计师经常抱怨："一会儿开这个项目的策划会，一会开那个项目的选样品会，根本顾不上带脑子。"

以前，该企业的做法是，每周更新一次会议时间表，都是临时决定、临时发布，会开不开都不一定。而在这一系列的会议中，策划案审核是关键，是所有后续工作的发动，结果因为各种原因推了一个月，以后每个会都推了一个星期。最后，有一个新品的策划会终于可以开了，才发现比计划推后了三个月，原定的新品推出季节已经过去了。

这样的会议地图，每个企业都需要有。它是整个企业的全年会议地图，每个管理者也需要有全年的会议地图。我们来归纳一下建立会议地图的几个好处：

◆ 管理者从全局的角度来优化议题，明确重要的问题必须在某个时间来决策，有些议题不用讨论，甚至有些会议根本不用开。

◆ 管理者可以提前思考某些议题，提高决策的效率。比如营销策略的调整可能半年一次，但管理者的思考是随时随地的，当这个半年度会议到来之前，管理者会加快自己的思考的节奏，然后在会议上拿出一些相对成熟的想法。

◆ 可以使管理者的时间安排更有计划性和规律性。整个企业的思考和决策，也随之形成有规律的振动。

3　7 步制作会议地图

那么，怎么制作这样的会议地图呢？我们给出具体的 7 个步骤。

第 1 步，建立会议的坐标线：时间维 + 会议类型。

首先建立两个思考的维度：时间维和会议类型维。时间可表示为年、月、周、日，会议类型可按照时间触发、流程触发进行梳理。

一般按照企业管理经营活动可以为这样几类：

◆时间触发：公司级、事业部级、部门级的经营管理例会。

◆流程触发：战略类会议、产品审核会议、人力资源管理会议、重大投资审核会议……

具体如表 3－4 所示。

表 3－4　建立会议地图的两个维度

时间维: 年、季、月、周、日

会议类型

	1月	2月	3月	4月	5月	6月	7月	8月	9月	10月	11月	12月
管理例会												
战略会议												
产品会议												
……												

第 2 步，固定时间、不可变更的关键事件优先安排。

企业里的一些重大事件，在年初的时候都可以固定下来，有的企业形容为：“好像先在一条河里，摆上几块大石头，后面来的人都要绕道。"

比如在图书行业，一年几次的图书订货会，对出版社来说可能是全年的订单来源。对书店发行渠道来说，可能是全年采购的来源。

比如在服装鞋业，一年四五次的订货会非常关键，90% 的订单来源于订货会。因此，订货会是决定企业生死存亡的事件，企业会集中一切力量打好这几场战斗，所以时间和资源的优先级非常高。

对于上市公司来说，年报、半年报的公布是比较关键的事项，而且一般时间由交易所提前确定。企业可以在此基础上倒排年报的几个审核节点，如董事会会议、执行委员会议、审核委员会议等。

第 3 步，按照每一类会议自身的逻辑来决定时间安排。

每一类会议都有自身的业务或管理逻辑。

比如周期性的年度、季度、月度管理例会，就有固定的时间、固定的议题，定期召开，甚至报告的模板都是固定的，只需每月更新里面的数据和分析。这样也有助于与会者按照一个统一的框架进行思考，也帮助与会者将精力放在异常情况和数据上面，抓住关键问题。

比如战略制定和战略调整的会议，时间是根据议题来决定的。制定战略的过程要回答一系列的问题，为了方便集中思考和讨论，可以将相关的议题划分成一个个主题，如"内外部环境分析"是个主题，"事业部定位和营销策略"是个主题，"各部门行动计划"是个主题。

一次集中召开的会议可以讨论当中的两个主题，也可能只讨论一个主题，并且每次会议都要就规定的主题达成共识。所以，以阶段性会议成果为标志，把战略制定分为几个阶段，如业务战略阶段、计划阶段、预算审核阶段等。

比如，服装行业产品季是一个大运作流程，这个流程被划分成策划、设计、开发和订货四大阶段，9 次重要会议。有些企业的产品季可能长达 12 ~ 16 个月，预先固定审核会议阶段的时间，将它们变成一个个小的节点，不断跟踪和审核项目开展的过程，从制度上保证一季产品的成功率，具体如图 3 – 10 所示。

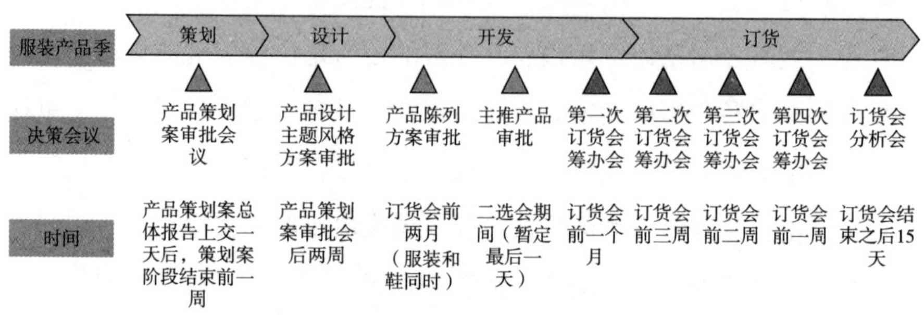

图 3 – 10　服装行业产品季

第 4 步，充分考虑关键参与者的时间，据此进行会议时间分析的再修订。

企业的经营管理会议是管理者发挥管理职能的重要场合，所以要充分考虑关键参与者的时间，尽量让关键参与者能够出席。

比如，销售总监每年有几个大会，对于销售管理非常重要。这些会议如果离开销售总监的亲自主持、深度参与，几乎没有效果，像这样的会议有每年的经销商会议（3 天，年度结束前 1 ~ 2 周）、全体销售人员培训（2 天，每季度一次）、大区子公司经理会议（半天，两个月一次）、部门经理会议（每月 10 日）等。

比如，公司总裁是全国人大代表，出席政府会议需要 1 个月时间，因此，所有重大决定、会议都需要安排在此前后。

第 5 步，考虑涉及全员的固定事件，进行会议地图的再优化。

企业有一些涉及全员的重大事件，总裁和高管层会到场鼓劲，各级各层的管理者会等待检阅，员工也盛装以待。这样的全员参与的事件，公司每年都会有，但是时间不固定在某一天。

比如，年度全员总结和表彰大会、新员工培训、公司 25 周年庆祝、全员运动会等，一定要让高层、各层管理者在工作日历上预先把这一天留出来。

第 6 步，合并会议。

按照每类会议、关键事件展开后，会议变得很多，而管理者的时间是有限的，所以可以进行会议的合并，将主要参加人相似、内容相近且时间相近的会议合并。

比如，某集团有两个事业部，A 事业部规模很大，占集团业务的 80%，因此，事业部的管理者基本上也是集团的管理者。集团要开季度经营会议，而 A 事业部也开季度经营会议，可以合并这两个会议，建立企业的季度会议。

会议的地点也可以合并。比如服装行业订货会期间，高层和业务部门经理都会到场，高层集中的地方，有很多议题都可以在此期间讨论。

第 7 步，合理安排突发性会议。

通过以上 6 个步骤能够建立起企业固定决策的会议框架。当有突发事件发生时，首先应判断是否要通过会议解决。如果需要通过会议解决，再确定决策的议题、参与者和决策的时间，然后再安排这样的突发会议。安排突发会议应当谨慎，否则管理者整体疲于应付各种突发事件，哪里还有时间完成自己的业绩！

这样可以画出类似表 3－5 的会议地图：

表3-5　会议地图示例

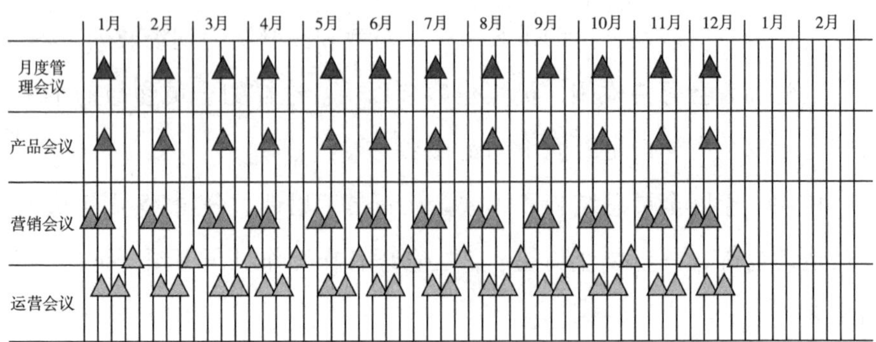

4　会议时间分布的 6 个考虑要素

在《7 步制作会议地图》中，谈到了会议时间安排的多种斟酌要素。我们再来归纳一下，可以结合图 3－11 中各方面因素来考虑会议的时间分布和时间波动。

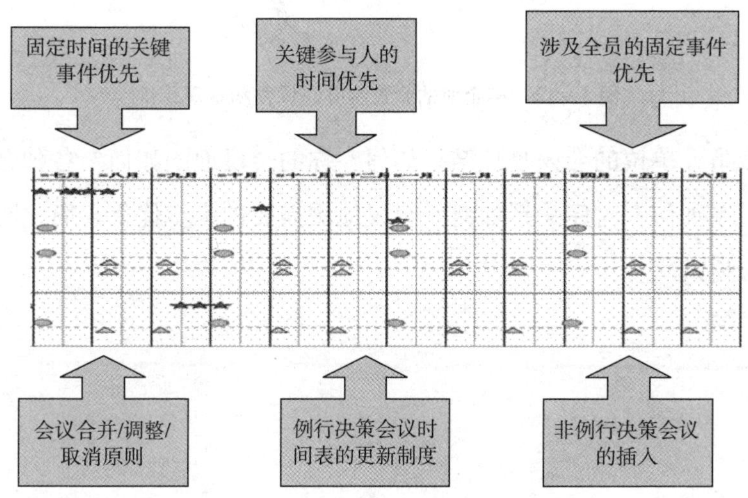

图 3－11　会议时间分布的考虑因素

其中，"例行决策会议时间表的更新制度" 是指会议的滚动周期。例如，如果会议是每两个月滚动，那么当月就要严格执行，拒绝更新波动。如果会议是一个月滚动，当月就要严格执行，拒绝更新波动。

同时，提供图 3－12 中会议合并、调整和取消的原则供读者参考。

介绍了 HP 和几家企业的案例，在这里请各位读者思考，您所在的

图 3－12　某企业的会议合并、调整和取消原则

企业或事业单位的会议盘点结果如何？你的会议地图如何？各种会议的逻辑关系如何？时序关系如何？会议地图需要进一步优化、简化吗？能进一步协调吗？

5 案例：B 企业从单品牌向多品牌经营转型中的会议体系建设

B 企业迫切希望回答的问题是：

◆ 要从单品牌经营转向多品牌经营，经营分析该怎么做呢？

◆ 在新的管理模式下，需要明确集团层面和核心业务层面的决策体系，以提供有效的决策支持，那么集团层面和核心业务层面决策重点分别是什么？

◆ 如何使业务一线的人能提供更多的行动建议，提高高层决策的效率？

◆ 报表太多，对决策支持的时效性还不足，如何提高对决策支持的有效性？

◆ 高层时间宝贵，如何通过会议安排，协调重要决策点在时间上的重叠？

我们用图 3 - 13 综合概括了该企业的困惑。

AMT 作为管理咨询专业机构，对该企业的现状进行了诊断，发现存在以下问题：

◆ **决策目标不明**：各个部门都在要报表，但没有明确报表对决策的支持点是什么，不知道要决策什么，不知道要什么报表。

◆ **报表逻辑不清晰**：目前的管理报表太多，没有形成管理报表形成的流程，也没有数据收集、归类和整理的流程，没有跨系统的经营报表，每层决策都有各自的报表。

◆ **分析工具不到位**：报表加工的难度大、工作量大，常用 EXCEL

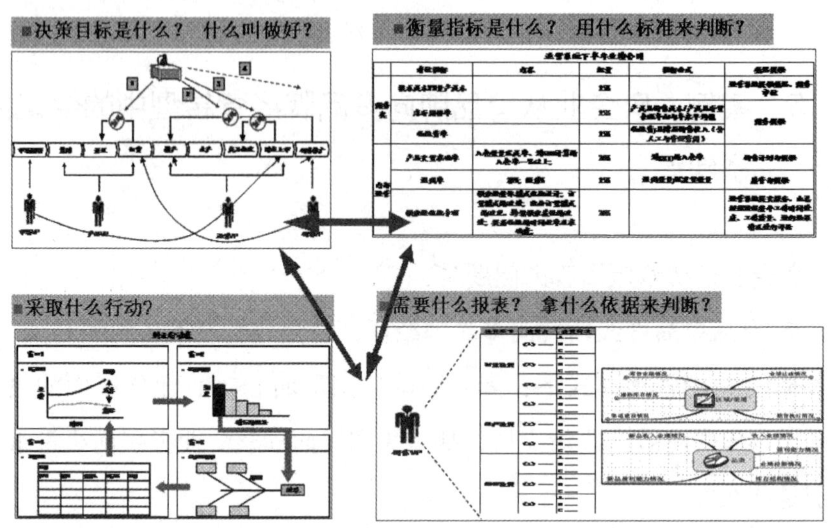

图 3－13　B 企业从单品牌向多品牌转型存在的困惑

来处理。

◆ **决策数据不规范：**太多数据，数据本身的标准很重要；报表数据来源于 SAP（全称 systems applications and products in data processing）、EPOS 等不同的系统，管理报表形成过程中获取数据难度大，数据口径不统一。

其实存在这种情况也是情有可原的，企业的经营分析决策其实是大量综合信息的复杂决策，需要考虑图 3－14 中的很多因素：

了解现状、难点以后，该企业进一步加强了与咨询机构合作的决心，与 AMT 达成了《经营分析体系咨询服务合作》的协议。该项目总体思路可以简述为以“业务模块－决策目标－报表体系－管理会议”为主线，建立公司的管理决策体系和经营分析体系，让经营分析和管理会议成为公司管理的发动机。

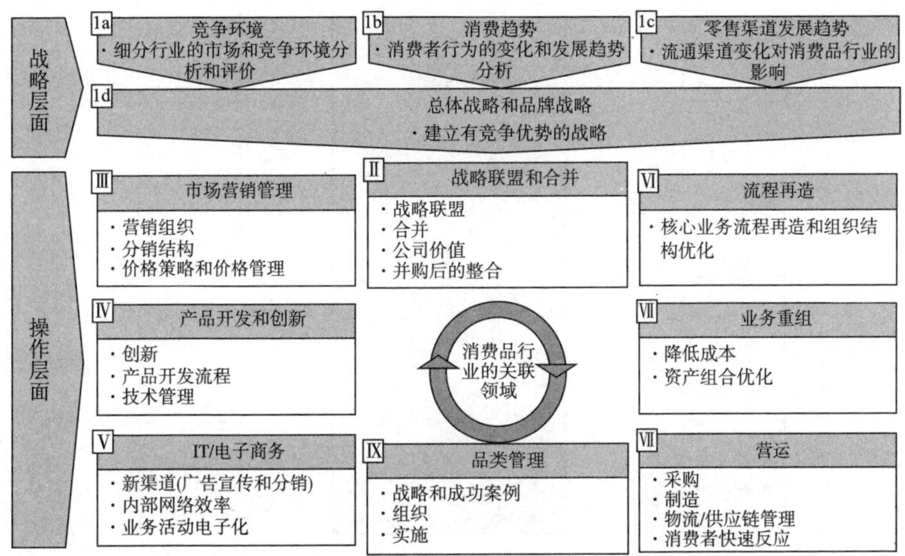

图 3－14　企业的经营分析决策要考虑的因素

具体咨询服务内容包括：

◆ 分析战略规划和核心业务运营（市场、产品开发、供应链、销售）两个层面的决策目标和议题。

◆ 明确集团层面和核心业务层面的决策体系（综合考虑图 3－15 中的分工因素）。

◆ 规划两个层面有效的决策支持信息体系。

◆ 重点设计优化两个层面的月/季经营分析报表模板。

◆ 设计两个层面的高层决策会议和会议保障体系，实现相关决策有效落实。

该管理咨询项目的总体计划可用表 3－5 表示：

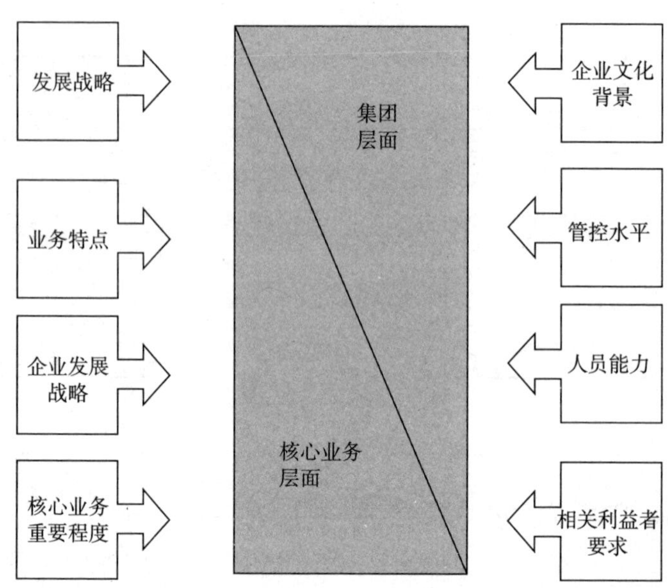

图3－15　集团与核心业务对关键决策议题分工协作要考虑的影响要素

表3－5　B企业管理咨询项目计划

工作阶段	主要工作内容	工作天数（略）	主要交付物
1.1　**项目启动**	◆ 联合项目组准备相关资料 ◆ 项目计划的讨论和确认 ◆ 项目管理平台/模板的建立 ◆ 总体工作思路说明 ◆ 后续工作模块的初步设计	××工作日	项目管理模板 项目计划
1.2　**年度会议和经营分析思路调研**	◆ 业务中期战略调研 ◆ 法人结构和管理架构调研 ◆ 该企业现有会议体系及相关资料调研 ◆ 参与公司级决策会议 ◆ 产品、市场、销售及运营部门现有KPI调研 ◆ 业务系统VP对现有会议建议调研 ◆ 现有会议组织方式调研 ◆ 经营分析思路调研 ◆ 重点经营指标调研	××工作日	调研问卷 会议纪要

续表

工作阶段	主要工作内容	工作天数（略）	主要交付物
1.3 **市场、销售、运营、产品系统运作管理调研**	◆ 市场系统运作管理调研 ◆ 销售系统运作管理调研 ◆ 运营系统运作管理调研 ◆ A 产品大类的系统运作管理调研 ◆ B 产品大类的系统运作管理调研	××工作日	调研问卷 会议纪要
1.4 **经营计划管理体系分析**	◆ 经营计划管理逻辑分析 ◆ 经营计划管理组织角色和职责分析	××工作日	管理会议体系报告：经营计划管理体系部分
1.5 **管理会议体系分析**	◆ 核心班子每月管理会议及会议议程、决策点、参与者分析 ◆ 市场系统每月管理会议及会议议程、决策点、参与者分析 ◆ 销售系统每月管理会议及会议议程、决策点、参与者分析 ◆ 运营系统每月管理会议及会议议程、决策点、参与者分析 ◆ 按产品大类的每月管理会议及会议议程、决策点、参与者分析 ◆ 按产品季的里程碑式决策会议及会议议程、决策点、参与者分析 ◆ 决策点，包括但不限于重要经营指标，重大事项，市场新情况及对策等 ◆ 会议组织流程和职责落实	××工作日	管理会议体系报告：管理会议体系部分 **管理会议体系报告汇总**
2.1 **现有经营分析报表体系调研**	◆ 现有经营分析报表提取和分析 ◆ VP 决策所需报表调研	××工作日	调研问卷 会议纪要

续表

工作阶段	主要工作内容	工作天数（略）	主要交付物
2.2 会议议题与经营报表的对应关系分析	◆ 决策者层次 ◆ 决策目标 ◆ 经营报表功能分析 ◆ 议题与经营报表的对应分析	××工作日	经营报表体系报告： 会议议题与经营报表的对应关系分析部分
2.3 经营报表体系框架	◆ 会议议题与经营报表体系对应框架	××工作日	会议议题与经营报表体系对应框架
2.4 经营报表体系细化	◆ 议题决策点分析 ◆ 议题决策点所需的报表分析 ◆ 制定经营报表体系	××工作日	经营报表体系报告： 会议议题决策点与经营报表的对应关系分析部分
2.5 报表流程和职责落实	◆ 报表收集、编制、汇报流程 ◆ 报表收集、编制、汇报负责人和职责	××工作日	经营报表体系报告： 报表收集、编制、汇报流程和职责部分 经营报表体系报告汇总

在总体计划指导下，该咨询项目还采取双周滚动计划的方式来不断明晰细致的周工作计划，重视会议、决策、报表和维护机制的咬合关系，如图3－16所示：

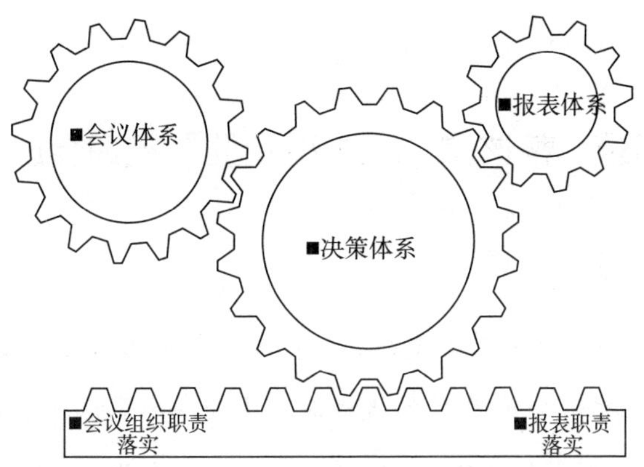

图3－16　会议、决策、报表和维护机制的咬合关系

最终取得了以下主要成果，如表3－6所示：

表3－6　B企业涉及"会议体系"的管理咨询项目的主要成果

工作范围	项目成果
明晰集团层面和核心业务层面的决策体系	◆ 战略管理的决策体系 ◆ 集团层面与业务单元层面的关键决策议题分工协作体系
指导实现对两个层面有效的决策信息支持	◆ 形成战略、产品、供应链和营销4个部分的决策支持信息体系，包括需要信息、信息提供人、提供时间及相应的报告的提供人、提供时间 ◆ 明晰产品、供应链、营销等业务运作环节的月/季度经营分析报告与各环节决策的联动关系，优化各环节经营分析报告
设计两个层面的高层决策会议，实现相关决策有效落实	◆ 规划战略制定类会议、CEO/GM管理例会、产品季决策会议、项目管理类会议及非例会的管理流程，明确每月会议安排 ◆ 明确了各相关单位的会议职责
其他	◆ 对于新产品在全国差异化滚动上市问题的决策进行了专题研究

6 自测题：帮这家“战士型企业”梳理会议

有这样一家企业：公司总裁在创业初期抓住市场机遇，实现了企业的快速成长；当企业增长到10亿元的规模时，已经在全国建立了30多个分支机构，一支500多人的营销队伍。这样的“战士型”企业，在广大的地域分散作战，要求管理简化、指令清晰、步调统一、反应迅速、集中精力奋勇作战。

可是，企业的管理方式却没有从过去小规模的状态下调整过来，喜欢诸侯、大将，随时“听宣上奏”。

老总在总部的时候，习惯随时要求高管来开会，谈谈营销问题、生产问题、质量问题……会议通常只留出1小时的准备时间，有些分公司经理在外地出差，即使有3~4小时车程，也要中止工作往总部赶，而在外地实在没有办法回来的，则赶往当地分公司，参加视频会议。

这样的会议，事前并无规划，议题和思路都在总裁一个人的脑袋里。参加会议的人往往会打乱自己的计划，对会议的议题又没有时间思考，往往会议都结束了，还是摸不着头脑。

一家企业如果总是采取紧急会议的形式，时间一长，什么事就都不紧急了。这家公司的高管曾经倒苦水说：“下班以后开会，一谈就是5~6个小时，开会开到深夜是经常的事”。这样下来，人困马乏，白天哪还有精力工作？

请您给这家“战士型企业”帮帮忙，思考他们的会议体系如何形成。

参考答案:

咨询顾问与这家企业一起，在第一阶段按照各个管理领域，重新梳理了四类会议（如表3-7所示）:

- ◆ 高层月度管理会议
- ◆ 新产品开发项目管理会议
- ◆ 营销管理会议
- ◆ 营销和运作协调会

表3-7 重新梳理后的企业四类会议

	1月				2月	
	第一周	第二周	第三周	第四周		
月度管理会议		核心领导班子会议				核心领导班子会议
产品会议		新产品项目管理会议				新产品项目管理会议
营销会议	营销管理会议	营销预备会		营销和运作协调会议	营销管理会议	营销预备会
运营会议		供应能力检查	运营计划预备会			供应能力检查

我们明确了每一类会议的目标、时间和固定议题。从全年来看，管理议题是可以固定的：销售与生产的协调，每月讨论一次；销售人员提成制度，每半年集中讨论一次；人员晋级和提升，每年讨论一次。以前总裁心急火燎地插手一件件具体事情，是因为他看着问题没有人解决着急。现在，他就知道什么事情在什么时间解决是最适当的，与当前各个业务相比，哪件事最紧急。

在这样的会议框架之下，确定一个灵活机动的议题，识别营销管理机遇并解决重点问题，那么每次会议都可以增加当前最重要的议题。比如“本季竞争对手推出新产品，严重影响我们的 A 产品销售及下月下季的竞争手段”。

明确每一类会议的参加者。让与会者提前做好准备，熟悉材料，准备预案，避免到了会上才了解情况。

有明确的输入和输出，给参加会议的“各路神仙”一个思考的框架（如图 3－17 所示），避免会议开到最后，议而不决。

营销管理会议的目的：
考察重点策略的运作，并主动开发新方案，以保证完成已通过的企业增长目标

计划议程
· 回顾上次会议的备忘录—强调出现的问题
· 考察企业的表现—（实际的结果与目标的结果及上年结果的比较）
· 考察营销管理绩效指标
· 关于以下方面为企业考察并更新滚动的 12 个月未来营销计划：
  —市场营销计划
  —新产品推广计划
  —销售计划
· 考察并更新营销预测并预测准确
· 识别营销管理机遇并解决重点问题

时间
· 每月第一周的星期三上午

参加人
· CEO、营销总监、市场总监、财务经理（销售分析）、产品研发经理、销售预测

主要输入
· 重点企业绩效指标
· 营销管理绩效指标
· 上阶段 12 个月未来计划
· 上阶段营销预测

主要输出
· 总结相关绩效指标，预算执行情况和纠正问题的计划
· 有选择的向核心小组提交营销管理小组未能决定的问题
· 更新的 12 个月未来营销计划
· 更新的营销预测

图 3－17　有的放矢的营销管理会议

从全年来看，形成一个有固定节奏的会议安排，主要高层管理可以在年初预知当年重要事件及会议的时间，以便提前安排工作计划。

第四章
金字塔第一层：和老总谈战略类会议

“举手。5000。呼吸。吃饭。85%。15%。”

欧阳手里攥着这张纸条（如图4-1所示），走进了陕西南路30号马勒别墅对外营业的咖啡厅。

图4-1 欧阳攥着的小纸条

他知道今天是个好日子，上半年度的市场份额统计出来了，和一年前相比，增加了近10%，总经理吴总每逢要和欧阳共同庆祝的时候，就会想起马勒别墅这个闹中取静、典雅精致，还带着一个小花园的去处。欧阳还记得，当初他加盟公司后第一次和老总单独谈心直到凌晨，也是在这个地方。

“你才来啊，我还赶在你前头了，”吴总笑容满面，让欧阳赶快落座，“怎么样，老规矩，我没有带手机，你也是吧？”

欧阳会意一笑，“当然，老总都能不带手机出来，我哪能就忙到比老总还忙，非要别那个定时炸弹不成。”

伴着两杯蓝山咖啡的幽幽香气，欧阳和吴总回忆起这一年的一个个关键时刻。也许只有他们才知道这10%的增长背后，有多少点点滴滴的辛劳和苦劳。在这样畅快的氛围中，欧阳漫谈开来，“吴总，其实刚才我进门说的那句话也不对，我说我不该比你忙，你是我们公司最忙的人，但我昨天了解到我一个朋友所在的企业，他们老总好像就轻松很多。有意思的是，他们各部门还组织工作畅谈会，每次找一个经过管理咨询顾问辅导的基层经理当主持人，组织大家给工作找好办法好点子，谁要发言就举手。会上如果老总发言，也得举手。”

“哦？有点意思，这个老总搞管理看来有点思路，把大家都调动起来，他这是在组织一场朝向目标的集体跑，而不是他自己个人死跑啊。”吴总感叹道。

欧阳不由暗下佩服：“老板毕竟是老板，一点就透。”进门时候攥着的纸条看来能用上了，昨天打的腹稿看来没有白用功。“那我就奇怪老总您怎么这么忙啊，我算了一个数字，结果就不奇怪了。这个数字今天给您带来了，我们公司啊，一年要开5000次会。”

“这么多?!”吴总感觉有些意外，皱眉心算起来，半晌才说，“好像是差不多啊。我想起来了，你上次拿给我的那张会议地图，挺管用，虽然密密麻麻，让我马不停蹄，但总归是清楚很多，这5000个会中有不少就得我来参加，我这老马，快跑不动喽。咦，你今天是不是做了什么作业要来和我谈啊？”

“是提前做了作业，可还没完成呢，这不，趁今天找辅导来了。”欧阳决定把他想和吴总谈的问题摊出来，“吴总，如果将您会议地图上的会减少一些，不知道您会不会介意？我的意思是说，把一些事情、一些会议、一些决策项和一些计划流程，自上往下梳理一下，也许，公司忙的状况会有所改善，工作质量和效率也都有提高的空间。不过，我自己也犹豫。”欧阳喝下一口咖啡，看到吴总在仔细倾听他的话，就继续说：

“因为吴总您说过一句话，**‘经营是呼吸，管理是吃饭’**。我自己越想也越觉得这话是大实话，人片刻不呼吸就完蛋了，饭几天不吃可能还没关系，所以，管理是重要的，但在老总的日程表上，永远排在经营后面。所以，我还想听听您的意见，我们现在做这种管理上的梳理，时机到了吗？”

沉默，欧阳攥纸条的手出更多汗了。

吴总捋了一把斑白的鬓角，后背往沙发上靠去：“欧阳，你知道我为什么欣赏你吗？我觉得，你是公司为数不多既善于呼吸又想着吃饭的人。你提的这个问题，其实我也考虑很久了。你那里的市场越好，我就越想这个问题，公司里的部门越多、员工越多，我就越想这个问题。你知道我的心愿吗？我自己如果能把85%的精力放到体系建设、架构建设和人才梯队建设上来，而不是几乎将80%的精力放到经营的紧要问题上，那我觉得我们公司就真正上台阶了，销量、利润其实是在不求中求得的啊。”

“欧阳，我知道你们的期望，一切从一把手开始，凡事一把手工程。我也听过一句话，一个企业如何，根本上是由一把手决定的，但我对这句话既同意也不同意。老总如果把自己当成孤家寡人，在孤军奋战、振臂高呼时而应者无人，那同样是时机未到。今天你提出这个问题，以及你的主管副总汇报给我的关于你们部门的一些改进、一些效果，这本身就是在一步步催熟时机。”

夜色中的小花园，松树、石刻都依稀看不清楚了，只是在咖啡馆里淡黄色台灯下，两人的咖啡不知道续到第几杯了。

“欧阳，今天你带来的作业，结合刚才和你谈到的那些我这一年来到全国各处看市场的观察和思考，我想，它是我们所有中高层经理这个团队在未来 1 ~ 2 年里需要一起来完成的作业。这份作业也许就要从高层怎么开战略会、怎么管好龙头开始，这个未来 1 ~ 2 年大作业的命题。我昨天也已经打好腹稿了：**管理就是经营，经营就是管理，呼吸就是吃饭，吃饭就是呼吸。”**

最后这段话，欧阳还没有马上回过味来，但他心里已经知道，今天攥着的那张小纸条，在总经理那里已经有了答案。

1　战略流程→分解成决策项→会议

吴总提到的“从高层战略会议开始、从龙头开始”，我们就需要回答：

◆ 一家企业的战略从制定到执行、到监控的流程是怎样的？

◆ 流程中一共需要做哪些决策？这些决策是否可以对应一个会议议题？

◆ 哪些会议议题可以归并到一次会议？这次会议的名字叫什么？这次会议如何打上时间邮戳，应该什么时间开？

◆ 按照时序展开、按照逻辑推进的一次次会议，其会议目标是什么、输入是什么、输出是什么？怎么从“扫天下”对接到“扫一屋”？

我们下面用两个示例来说明，图4－2是梳理的从制定到评估的战略流程，图4－3和图4－4是流程中的决策议题分解。

这里的议题分解不能拿到任何一家企业直接套用，需要各位读者结合具体情况来思考：

◆ 议题是否完全就是决策项？议题是否要不遗漏地放到会议？议题是否都要在会议上通过群体决策的程序来确定？该议题的决策是否就是一种个人决策、制度外决策、越权决策？

◆ 什么样的企业适合做这种分析？

◆ 哪些议题是必要的、可选的？

◆ 完全手动推进这些议题、这些决策项及后续的这些会议，有怎样的弊端？对IT支撑有怎样的需求？

表4－1给出了将议题归结到会议后的时间分布，表4－2、表4－3

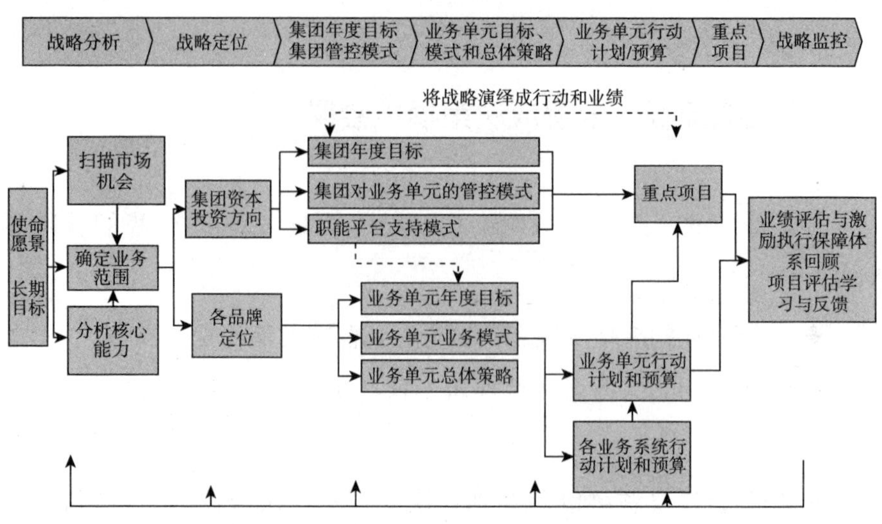

图4－2　战略从制定到评估的流程

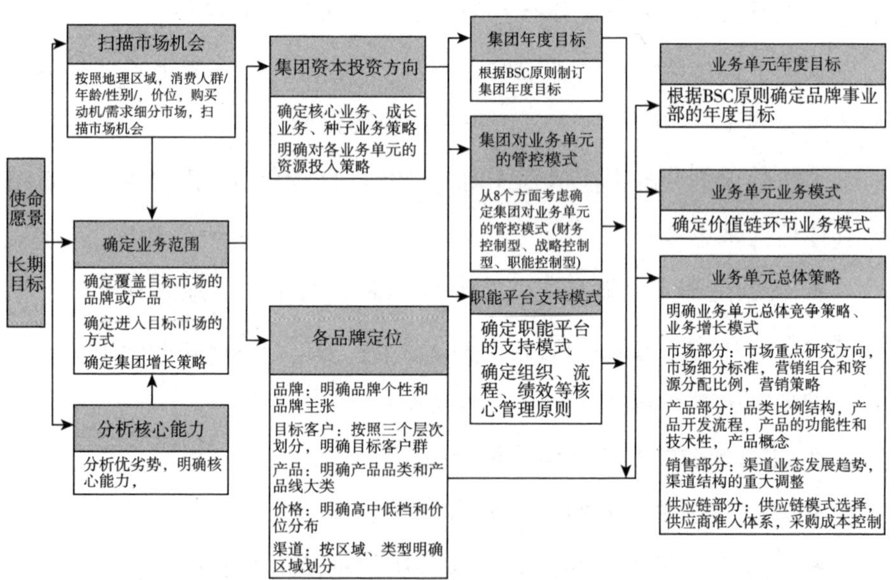

图4－3　战略流程上的决策议题分解（一）

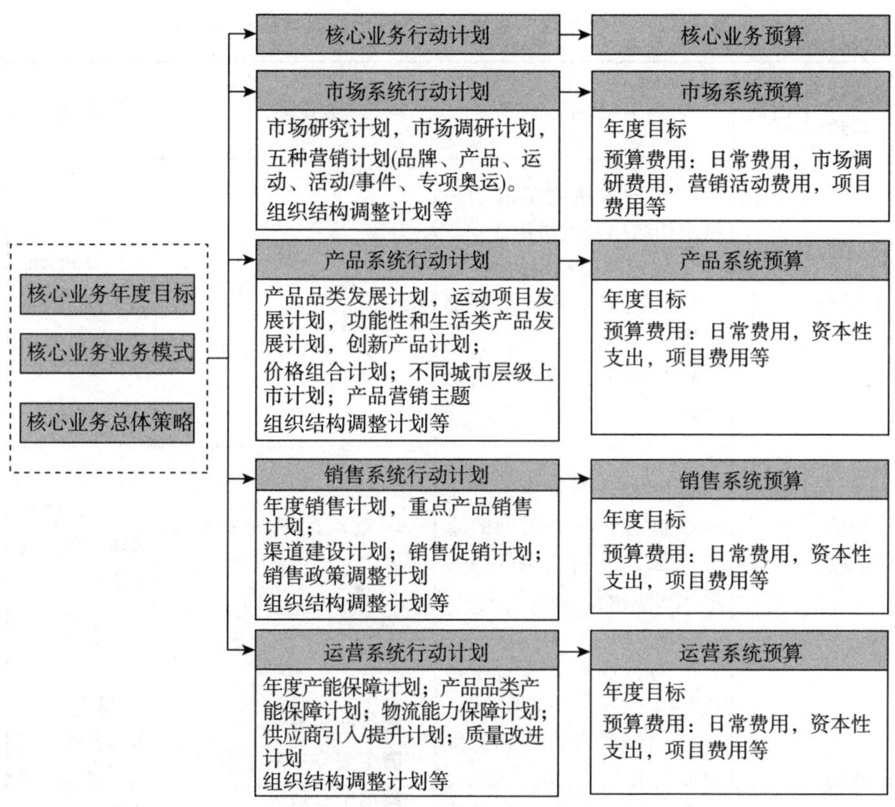

图 4 –4　战略流程上的决策议题分解（二）

和表 4 –4 则是对每次会议目标、输入输出的具体描述。

表 4 –1　议题归结到会议后的时间分布

	第一周	第二周	第三周	第四周
7 月	1/7 启动会	战略务虚会	战略研讨会	生意目标研讨会
8 月	业务策略研讨会		战略管控研讨会	
9 月	集团战略及策略研讨会			
10 月	行动计划/预算沟通会		重点项目审批会	
11 月	行动计划/预算质询会			预算目标确认会
12 月			董事会质询会	

表4-2　每个会议的目标、输入输出的具体描述（一）

会议名称	时间	目标	会议输入	会议输出
启动会	×月×日	1. 确定战略制定的相关组织构结构及人员构成 2. 确定战略制定的流程 3. 确定需要获取的外部资源 4. 确定需要的专项调研计划	《战略制定的组织及流程》提案	《战略制定的组织及流程》
战略务虚会	×月×日	运用内外部资源，对于战略制定中需要明确的重要问题，进行专项讨论，形成初步报告/方案	《重点问题的初步思考》	《重点问题的初步建议》
战略研讨会	×月×日	1. 对行业和竞争对手形成共识 2. 对消费者行为和态度形成共识 3. 对品牌影响力形成共识 4. 对核心能力现状形成共识	■行业研究 ■主要竞争对手研究 ■消费者研究 ■品牌调研 ■内部能力探讨	■外部环境分析：行业、竞争、消费者 ■内部核心能力
（集团）战略研讨会	×月×日	1. 确定业务组合和发展策略	1. 确定集团的业务组合（确定整体的目标市场、进入或退出的细分市场）、确定集团的核心业务、成长业务、种子业务 2. 确定新进入的业务、新目标市场的覆盖方式、业务投资方式及进入策略	

表 4－3 每个会议的目标、输入输出的具体描述（2）

会议名称	时间	目标	会议输入	会议输出
生意目标研讨会	×月×日	1. 确定生意目标 2. 确定各事业部生意目标	1. 从外部角度（市场增长率、竞争对手的增长状况等），提出品牌生意目标 2. 从销售渠道扩张角度，推算目标 3. 从股东要求和资本市场要求，提出《财务模型初稿》	集团生意目标 各事业部生意目标
业务策略研讨会	×月×日	确定各业务领域的总体策略	1. 生意目标 2. 市场策略讨论稿 3. 产品策略讨论稿 4. 供应链策略讨论稿 5. 渠道和销售策略讨论稿	业务策略/对当前业务的策略调整
战略管控研讨会	×月×日	集团管控模式 各职能管控策略	1. 集团管控模式设计与调整 2. 人力资源发展策略 3. 财务管控策略 4. 信息系统策略	1. 集团管控模式设计与调整 2. 职能策略
集团战略及策略研讨会	×月×日	形成公司战略和业务策略	战略和业务策略讨论稿	战略和业务策略

表 4－4 每个会议的目标、输入输出的具体描述（三）

会议名称	时间	目标	会议输入	会议输出
行动计划/预算沟通会	×月×日	各品牌事业部总经理对所属业务部门沟通战略目标和要求	1. 战略、财务、人力资源指导意见 2. 各系统行动计划初稿	GM 对鞋系统、服装系统、市场系统、销售系统、运营系统指导和要求

续表

会议名称	时间	目标	会议输入	会议输出
重点项目审批会	×月×日	1. 确定并审批公司级重点项目，确定项目目标、里程碑、大致时间和预算 2. 平衡并确定管理咨询项目及预算	项目提案	第二年要做的公司级重点项目
行动计划及预算质询会	×月×日	1. 质询并审批品牌事业部的行动计划/预算 2. 质询并审批职能系统行动计划/预算	1. 各品牌事业部的行动计划和预算讨论稿 2. 职能系统行动计划和预算讨论稿 3. 集团/品牌的损益平衡表。各系统预算费用汇总数据的讨论稿	1. 各品牌事业部的行动计划/预算 2. 职能系统行动计划和预算 3. 集团/品牌预算损益表、预算费用表
预算目标确认会	×月×日	对预算目标的平衡和确认	集团财务预算讨论稿	高层及各品牌事业部反馈意见
董事会质询会	×月×日	董事会质询集团战略执行方案、提出反馈意见	战略执行方案修改稿	战略执行方案

接下来，我们还可以做更加细致的工作：

◆ 列举出每次会议的会前准备细项。

◆ 设计每次会议的会前、会中和会后模板。

◆ 考虑用 IT 来帮助实现这些模板，多运用 IT 的“预设包”功能，即大量信息自动带出，不用手工重复填写，从而避免大量的重复文字工作。

◆ 明确每次会议的会前、会中和会后的参与者角色，并对应到部门甚至岗位。

◆ 为相应的部门或者岗位编制《操作指南》或者《STEP BY STEP 图集》，用通俗、易懂和易用的方式，让各岗位员工迅速上手并见效。

◆ 试点、培训、模拟、练习、实践、总结、再改进和推广。

2 如何开好战略落地的关键会议

很多企业年底时都会开很多总结会议，回顾过去、展望未来。一年下来，各部门的述职总结有亮点，也有不足，但是企业高层经常不可避免地发现，年初订的很多战略方向和举措或者被搁置，或者与实际已经南辕北辙。战略年年在研讨，但是和实际执行总是不在同一轨道上。

某企业高层将战略不落地的问题归结为“四没有”：没有分解、没有衡量、没有监控、没有考核。

没有分解，即公司战略更多只是一把手或者企业高层的高瞻远瞩，其他管理者并没有参与制订和有效分解。战略没有和部门的策略有效对接，造成战略落地的第一层脱节。

没有衡量，很多战略举措只是一些比较空洞的口号，没有具体的行动计划和衡量指标，所以到年底还是悬空的。

没有监控，战略执行缺乏执行过程监控管理，虽然每月有回顾会，但都是一些例行的上月工作总结和下月计划。

没有考核，战略执行没有对应的衡量指标，绩效考核和战略要求没有相关性。

最后的结果是战略不落地自然也在情理之中了。

如何解决战略落地问题？有很多管理学者说这是一个系统问题，但是系统问题要有效解决，需要以简驭繁，找到一个有效的抓手和突破点，这个抓手就是会议。

战略如何落地，可以将其分为三步曲：**共识、共鸣、共振。**

（1）在战略制定的过程中，让各层管理者充分参与研讨，取得对未来发展目标和方向的共识；

（2）在战略分解的过程中，各部门的行动计划能横向协同、纵向一致，取得共鸣；

（3）在战略执行的过程中，能够有计划、有节奏地按照既定行动大纲实施落地，产生共振。

战略在共识、共鸣、共振的闭环中，需要有关键管控点，而这些关键管控点即战略管理相关的会议，如表 4－5 所示。

表 4－5　战略管理中的关键会议

会议分类	会议名称	会议定位	会议规则	会议输出	运作时钟
共识	战略研讨会	讨论公司未来发展战略目标和方向，在公司高层间统一认识	充分的内外部环境分析和会前阅读思考，与会者大胆设想畅所欲言，就未来的目标方向和重大战略举措，形成共识	公司愿景、使命和价值观，公司未来发展战略目标、方向和重大战略举措	每年 8～10 月
共鸣	战略规划质询会	对各业务（职能）战略规划进行质询评审，确保各业务（职能）战略规划承接公司总体发展战略	参与质询评审的公司高层和横向协同部门负责人从“与总体发展战略的一致性、跨部门的协同性、可行性、资源需求”等方面对各业务（职能）战略规划进行质询，各汇报人需提前对可能质询的问题进行充分准备	各业务（职能）战略规划（含具体行动计划和衡量标准）	每年 10～11 月
共振	战略执行回顾会	各部门年度战略目标及计划完成情况回顾，保障战略执行落地	目标和实际执行差异分析，形成改进行动方案； 会议重在形成改进行动，而不是对数据真实性进行质疑	经决策后的改进行动	每月（或每季度）

一、开好战略研讨会，形成共识

战略研讨会主要是讨论公司未来发展战略目标和方向，在公司管理层统一认识。很多公司高层往往忽略战略研讨会，认为战略只要自己想好，其他管理层只需配合执行就行了。但是由于其他管理层未参与制定战略目标和方向，也缺乏对其的连贯性思考，往往就会根据自己的揣测和理解来执行，就很难“指哪打哪”，结果造成战略执行的各种不协同。还有一种常见问题，企业每年都会开部门述职会，很多公司就把述职会等同于战略研讨会，基本内容也是每个部门谈年度工作的亮点和不足，提出待改进问题和建议，但是述职会的定位更多是面向过去的评价而不是面向未来的共识，因此我们要清晰区分开这两个会。

曾有一家企业对一次成功的战略研讨会有以下评价：

明确了方向：对未来怎么发展，公司核心管理团队有了清晰的方向指引。

确立了目标：在发展方向下，对于短期和长期的目标有了清晰可量化的指标。

明晰了路径：对于如何达成目标的关键战略举措进行了充分地研讨。

达成了共识：战略目标和举措在各核心管理团队间形成共识。

奠定了信心：以前制定战略目标只是依据直觉，经过了管理层认真研讨论证，对战略目标的实现有了可行的路径，从而增强了战略实现的信心。

开好战略研讨会，需要严谨的设计、组织和过程引导。

◆ **会前**

首先，需要对内外部环境进行详细分析，作为会议讨论的输入。

其次，通过会前的战略思考题引发参会者对战略明晰与落地行动的深刻思考，提高会议输出质量。

最后，会议组织部门就细节方面进行充分准备，包括会议地点、参会人员、会议议程、分组研讨名单、会议纪律等，细节决定成败。

◆ **会中**

主持人对全过程的议程把握很重要，因此要避免让公司高层担任主持人，以及出现一言堂的现象。在会中分组自由讨论环节要鼓励不同思路和意见，群策群力，集中管理层的智慧经验和教训。

会议输出环节要多提建设性的质询，引发深层次的思考，并及时归纳总结。

主持人将引导讨论向“共识”的方向发展，不断回到议程，来凝聚、明晰、提炼，形成共识。

◆ **会后**

及时提炼与总结，根据研讨形成相应的战略报告，并进行相应的内外部宣传。

二、开好战略规划质询会，形成共鸣

战略规划质询会的目的是让各部门的战略举措和行动计划能够协同共鸣，共同承接战略落地。

在战略研讨会之后，各业务（职能）部门需要根据公司的战略目标和方向，分解落实到各自的业务（职能）规划中，形成具体的部门战略举措、行动计划和衡量指标。

很多企业在这个环节容易出现三个问题：

第一个问题，往下分解只是粗略地提了一些行动口号，如“提升单店盈利能力”，缺乏具体的行动计划和明确的衡量指标。

第二个问题，各部门只从本部门利益出发提出行动计划，缺乏横向部门间的沟通与协同。

第三个问题，分解的行动计划和公司的整体战略目标方向有偏差，再往下分解各层级间的偏差会更加变大。

如何解决这三个问题，战略规划质询会是一个非常重要的关键控制点。

战略规划质询会主要对各业务（职能）的规划结果进行质询评审，确保各业务（职能）规划承接公司总体发展战略落地。具体质询包括三方面内容：

（1）符合性的质询：业务（职能）规划与总体发展战略是否保持一致。

（2）匹配性的质询：业务战略和职能战略相互间是否匹配和协同一致，包括具体的时间节拍的吻合和前后衔接等。

（3）可行性的质询：所提出的行动计划和衡量指标是否具有可操作性，是否落实到有明确的责任主体，对资源的需求是否在公司总的预算范围内。各汇报人需提前对可能质询的问题进行充分准备，没有通过质询的必须限期修订并重新接受质询。

战略规划质询会可能是分批的系列会议，如：先是对营销、研发、供应链等核心业务规划的质询；之后，HR、财务、管理改进与 IT 等职能根据业务规划的资源需求进行调整，再召开质询会。

整个战略规划质询会的召开，需要高层及部门负责人全程参与，从而充分地了解其他部门的工作和协同点，产生出有共鸣的行动计划是执行的基础。

三、开好战略执行回顾会，形成共振

战略执行回顾会是差异分析、过程纠偏、面向行动、持续改进，保证战略实施的共振。

很多企业在战略执行中容易产生的问题，就是没有过程中的检查与回顾，或是回顾会变成了关于数据一致性的争论会，或是每个部门只讲优点、亮点的表功会。

有效的战略执行回顾会应以确定的年度战略举措和行动计划为纲，每月或每季度定期进行目标与实际执行的差异分析，并结合环境变化，适时地调整优化，形成新的改进方案。所以说，战略执行回顾会，一定是面向改进行动的，即每个业务责任人笔记本上记录的是走出办公室就需要马上部署落实的事项和计划。

会上的焦点不是信息分享和对其他部门的分析数据的质疑，而是要重点关注数字背后的问题，未完成的原因及未来的改进计划；也不是自己部门工作的陈述，而是要让高层和其他协同部门理解和帮助你去推动哪些事情。

开好战略执行回顾会：

一方面要设计结构化的汇报模板，在原有年度计划的基础上，需要增加完成情况、未完成原因分析、改进计划，以及需要跨部门协同和领导决策的事项等。其中完成情况最好用红、黄、绿色块表示，这样哪些执行有问题就一目了然，让与会者尽快聚焦待解决的问题。未完成原因分析和改进计划尽量详细，便于企业运营知识经验的沉淀。而需要跨部门协同和领导决策的事项单独列出便于会议讨论聚焦，提高会议的决策效率。

另一方面，做好会议组织工作。会前要做准备，要求与会者提前阅读报告，减少会议中阅读报告的时间；**会中**应探讨改进行动和资源的可行性、可落实性，每个部门都对汇报中提出的问题有相应回应和改进措施，每个问题需落实到责任人；**会后**每个决议事项落实到责任人并给出改进时间表。

从战略研讨会到战略规划质询会，再到战略执行回顾会，通过三个关键管控点延伸形成战略管理的闭环，推动对战略从思想一致性到行动一致性的转变。在此基础上，企业应逐步完善战略管理组织，并形成战略管理的制度和流程等长效机制，使战略管理日常化、例行化，最终持续保障企业战略目标的落地。

3 集团型企业的战略类会议

上面示例的企业都是单一产业的企业类型，如果该企业是跨产业、跨产品大类的集团型企业呢？为了回答集团型企业要开哪些会、会议体系是否和谐，那么就需要研究集团总部与下属业务单元的管控模式是什么。

纵观国内外企业的管理实践，我们把集团型企业的管控模式总体归纳为四种：资本控制型、战略控制型、经营控制型和职能控制型（如图4－5所示）。值得说明的是，没有先进和落后之分，“最适合的就是最好的”，需要考虑图4－5中的各方面因素来选用。

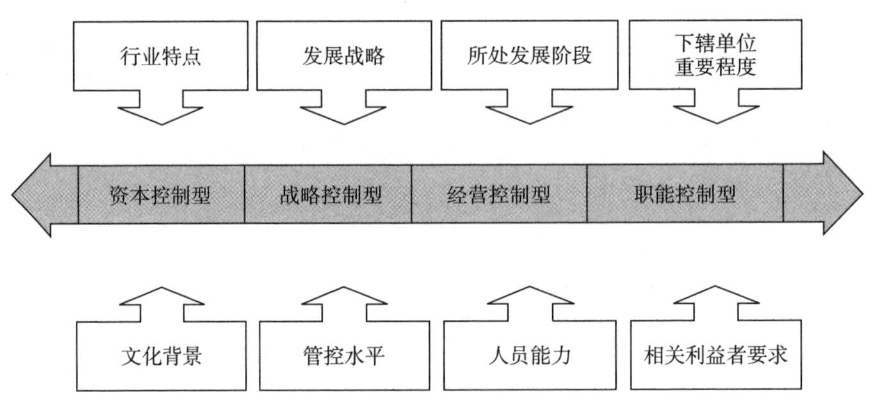

图4－5 影响集团管控模式选择的若干因素

这四种管控模式各自的特点是什么呢？哪些知名企业采用哪种模式？相应的管理边界是什么？总部和业务单元的角色各是什么？如图4－6、图4－7、图4－8和图4－9所示。

	资本控制型	战略控制型	经营控制型	职能控制型
定义	·集团审查财务状况，获得投资收益	·集团设定总体战略方向，并通过各个业务单元的协同效应创造价值	·集团对运营管理进行详细的评估	·主要职能集中于集团总部
管理目标	·追求投资收益	·追求协同效益	·发挥规模效益	·优化经营管理
例证	·意大利国家石油公司 ·United Technology	·通用电器 ·Shell ·Chevron ·BP ·ABB	·杜邦 ·花旗集团 ·陶式化学公式 ·拜尔	·西门子 ·宝洁 ·礼来 ·辉瑞

图4-6　四种不同集团管控模式的区别（一）

	资本控制型	战略控制型	经营控制型	职能控制型
企业发展	·通过收购和兼并企业，获得多元化业务来保障投资收益	·通过收购相似业务或补充产品来赢得发展	·在资源允许的情况下，通过扩大生产规模来实现发展	·通过扩大细分市场的产品生产规模获得发展
总部定位	·投资中心	·投资中心 ·决策中心	·投资中心 ·决策中心 ·管理中心	·投资中心 ·决策中心 ·管理中心 ·利润中心
业务单元定位	·决策中心 ·管理中心 ·利润中心 ·成本/费用中心 ·生产管理中心	·管理中心 ·利润中心 ·成本/费用中心 ·生产管理中心	·利润中心 ·成本/费用中心 ·生产管理中心	·成本/费用中心 ·生产管理中心

图4-7　四种不同集团管控模式的区别（二）

	资本控制型	战略控制型	经营控制型	职能控制型
母公司角色	·控制者	·引导者/教育者	·经营者	·执行者
集分权程度	·总部集权程度最低	·总部集权程度有限	·总部集权程度较高	·总部集权程度最高
总部干预业务单元程度	·程度最低，非经常性 ·仅限于财务指标的审核和资本分配	·程度有限，一般为季度性的 ·注重战略和财务指标回顾和基本指导原则	·经常性的 ·注重于运营表现	·强烈的，经常性的 ·注重在职能上对各业务单元的管理
业务单元承担的责任	·完全的运营和战略自治 ·对财务回报负责	·高度运营自治，战略方向较少自主 ·在成本控制和利润率方面负责	·业务自治 ·对运营表现负责	·自治程度有限 ·对成本和费用控制负责

图4－8　四种不同集团管控模式的区别（三）

	资本控制型	战略控制型	经营控制型	职能控制型
集团价值观	·收益最大化	·引导者/教育者	·经营者	·执行者
职能设置	·总部配备财务和法律事务职能，其他职能都下放到运营实体层面	·战略规划、法律事务和财务职能置于总部 ·总部集中提供某些共享性服务（人力资源、研发、信息应用）	·主要管理职能位于总部，运营职能在总部和各个业务单元同时存在	·主要管理和运营职能都位于总部
管理重点	·财务整合	·宏观政策与集团发展战略的制定 ·协同各业务单元的战略方向	·详细的政策制定 ·通过管理流程进行控制业务单元	·通过职能机构直接领导
总部规模	·最小	·较小	·大	·最大

图4－9　四种不同集团管控模式的区别（四）

我们可以看到，四种管理模式具体对应着不同的管理边界，那么集团CEO关注的会议、会议议题自然也就不同了。下面，我们就以GE（战略控制型）为示例来具体看看，杰克·韦尔奇的会议地图是怎样的？

4 战略控制型集团企业：杰克·韦尔奇的6种10次会议

为了更好地体验这位传奇 CEO 一年都在忙什么，我们可以先做几道测试题，参考答案在案例中介绍：

1. 以下哪种会议是参加经理人数最多的 GE 大会？

（1）年度计划会

（2）各集团业务 CEO 参加的会议

（3）运营经理会议

（4）后备梯队培养及识别人才的会议

2. 在 GE，以下哪一个议题不属于同一种会议？

（1）今后三年经营计划

（2）确定全套考核指标

（3）三年内业绩预测

（4）来自全球各行各业的岗位模范在年度大会上向 150 名公司高层领导展示业绩，通过这个平台，各个业务集团可清楚地了解自己的差距

（5）投资要求

下面我们先来看看 GE 的组织结构图，如图 4－10 所示。

GE 是一家典型的多部门的集团企业，难能可贵的是，这个庞大的企业组织多年来能保持年利润率两位数字的增长，而且这家长寿公司在道琼斯工业指数（1896 年成立）百年的时候，是唯一一家仍在榜的公司（1896 共 23 家）。

我们可以想象，要把这个巨无霸玩转，也许要把 CEO 忙死，但摆

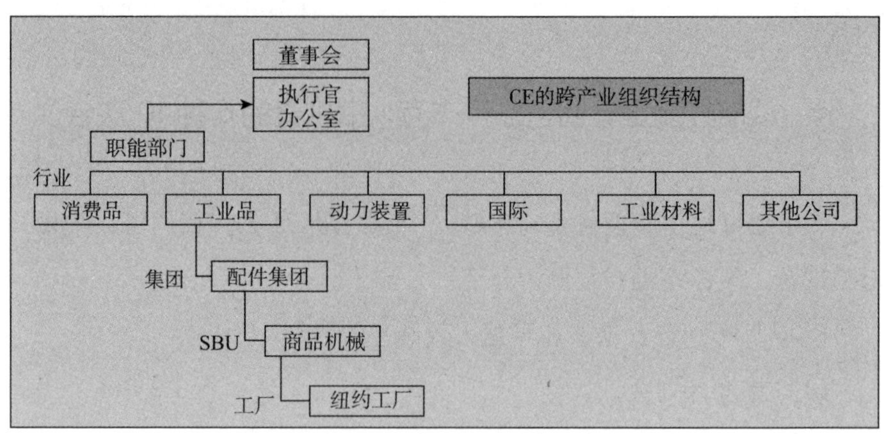

图 4－10　GE 的组织结构图

在杰克·韦尔奇先生面前的会议地图（如图 4－11 所示）却帮助他轻松管理 GE。

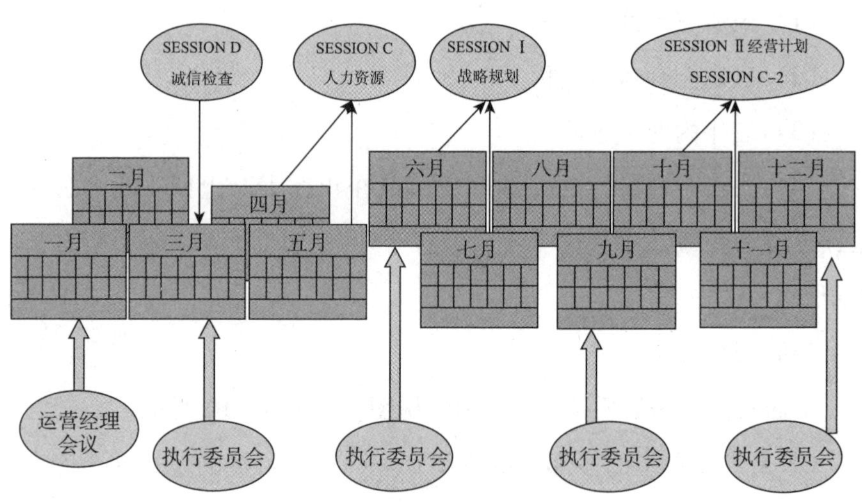

图 4－11　杰克·韦尔奇的会议地图

其中的 6 种 10 次会议的详细描述如图 4－12 所示：

运营经理会议	BEC	Session C
宗旨： 检讨上一年度经营业绩 分享最佳业务做法 展望当年工作重点和要求 参与者： 公司500位经理 次数：1次	宗旨： 经营业务检讨 找出关键议题 确定解决方法 参与者： 各SBU“CEO” 次数：4次	宗旨： 从上到下检讨公司每个层次结构，经理/人员的业绩及效率；与此同时，向11000名GE员工派发无记名总裁调查表，征求对实施公司战略措施的真实反馈。 找出个人业绩差距和岗位轮换、培训要求，后备梯队培养、识别人才 参与者： 各级经理/人事部门 次数：2次
Session Ⅰ	**Session Ⅱ**	**Session D**
宗旨： 今后三年经营计划 三年内业绩预测 投资要求 参与者： 高级业务经理 次数：1次	宗旨： 确定年度计划（月度化）指标 确定全套考核指标 汇总和最后通过业绩计划和考核指标 参与者： 高级业务经理 次数： 1次	宗旨： 检讨公司内部规章、制度执行情况 法律风险、经营风险、防范议题 参与者： 法律部门和各级经理 次数： 1次

图4－12　韦尔奇关注的6种10次会议

可以说，这就是GE神话背后真正的原因。很多坊间的书籍把杰克·韦尔奇本人描述得无所不能，其实，一个运营体系的制度化运作是超越所有个人的真正核心竞争力。GE将其称为GE的运营系统，强调GE运营系统以行动为中心的PDCA模式，如图4－13所示：

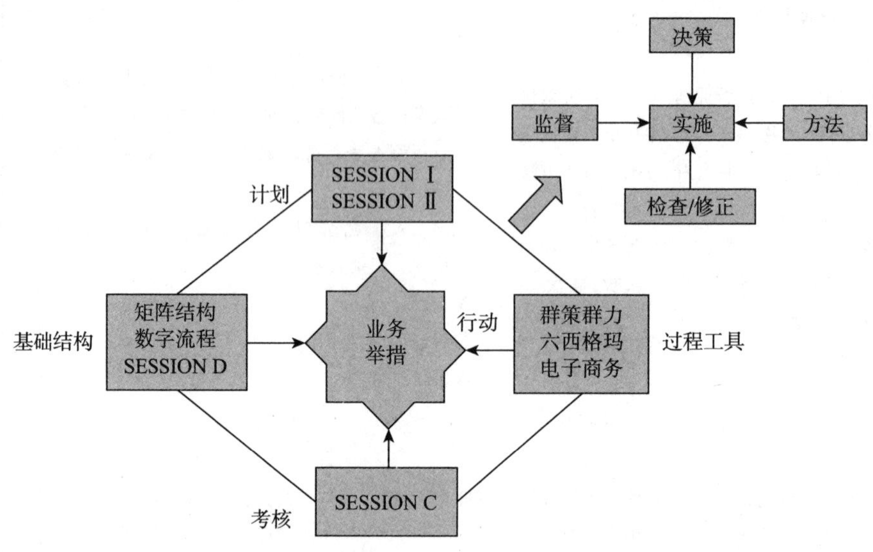

图 4－13　GE 运营系统：以行动为中心的 PDCA 模式

我们再来看看这些杰克·韦尔奇关注的会议时间安排，如表 4－6 所示：

表 4－6　韦尔奇关注的会议的具体说明

时间	会议名称	参与人员	主要议题	要点
一月	运营经理会议	500 名 GE 全球业务部门的领导	■ 检讨上一年度经营业绩 ■ 分享最佳业务做法 ■ 展望当年工作重点和要求	■ 研究新一年的战略任务，推出行动计划 ■ 制订最低的目标任务和极限任务 ■ 全面贯彻实施
二月	全面动员贯彻执行公司战略举措			

续表

时间	会议名称	参与人员	主要议题	要点
三月 六月 九月 十二月	执行委员会会议	各 SBU 业务 CEO	■ 经营业务检讨 ■ 找出关键议题 ■ 确定解决方法 ■ 业务结果	■ 早期发现 ■ 客户反应 ■ 战略举措资源是否充足 ■ 业务管理课程（BMC）建议
四月～五月	SESSION C	各级高级经理/人事部门	公司战略举措层向 GE 领导层汇报他们的进展。与此同时，向 11000 名 GE 员工派发无记名总裁调查表，征求对实施公司战略措施的真实反馈	■ 从上到下检讨公司每个层次结构，经理/人员的业绩及效率 ■ 找出个人业绩差距和岗位轮换、培训要求 ■ 后备梯队培养、识别人才
六月～七月	SESSION I	高级业务经理	来自全球各行各业的岗位模范在年度大会上向 150 名公司高层领导展示业绩通过这个平台各个业务集团可清楚地了解自己的差距	■ 今后三年经营计划 ■ 三年内业绩预测 ■ 投资要求
十月～十一月	SESSION II	高级经营经理	一轮结束，另一轮开始，确定来年的预算，人事和业务方案。连续的业务检查和分析确保合适的人在合适的位子上，以保证公司的长期成功	■ 确定年度计划（月度化）指标 ■ 确定全套考核指标 ■ 汇总和最后通过业绩计划和考核指标

GE 这样庞大的组织，运营系统仍能保持以“行动”为中心，这很令我们深思。杰克·韦尔奇的一段话，也许和吴总正在思考的大作业有一些是共通的：

“我们创立一家跨产业的全球性企业，这家企业既有大公司的优势，同时也消除了大公司的缺点。我们需要生产一个混血儿，既要有大公司实力和资源的庞大身躯，同时又要避免一盘散沙、各自为政，要具有小公司那种渴望学习、积极凝聚、活泼好动的精神。”

注：本节 GE 的相关内容请参考《GE 管理模式》，孙琦著，中国人民大学出版社 2005 年版。

5 案例：外资企业C如何打造“制造+贸易型企业”的会议体系

C企业是美国总部在华的全资子公司，美国总部的企业品牌已经有超过60年的历史，公司整体的业务已经遍布全球，在美国、中国设有工厂，在中国多个城市设有办事处。生产的产品通过世界各地的销售处和渠道销往全球各大零售商、批发商和OEM客户。

该企业的高层迫切希望加强企业的经营管理，但苦于无法及时准确获得能反映企业经营状况的数据和信息而无从着手。不能知道问题就无从解决问题，而反映问题最直接的就是数据和信息。因此，企业高层需要一套经营分析指标来及时掌握企业的经营状况，通过定期的报表来展现，并有与之相适应的会议机制，实施用报表数据支撑的决策并落实执行。

由此，涉及“会议体系”的咨询服务需求被提出来。

AMT接受委托以后，成立了联合项目组，从该企业的主要业务流程出发，围绕高层决策点、部门之间接口关系和部门内管理信息三条主线，与业务部门经理和相关人员讨论相关问题。相应设计了该企业的经营分析报表体系（经营分析指标、经营分析报表和经营分析会议三大体系）和经营分析管理机制（会议体系和管理看板），并给出了系统实施和管理提升的策略及建议。

该咨询项目的总体思路如图4－14：

工作成果体现在：通过经营分析报表体系和经营分析管理体系，全面掌握该企业的运作状况。图4－15给出了简要的示意。

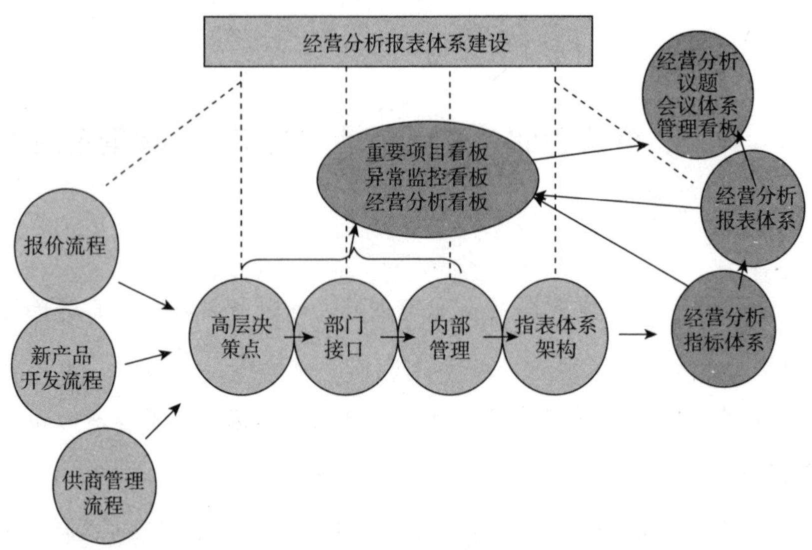

图 4－14　某企业涉及“会议体系”的管理咨询项目总体思路

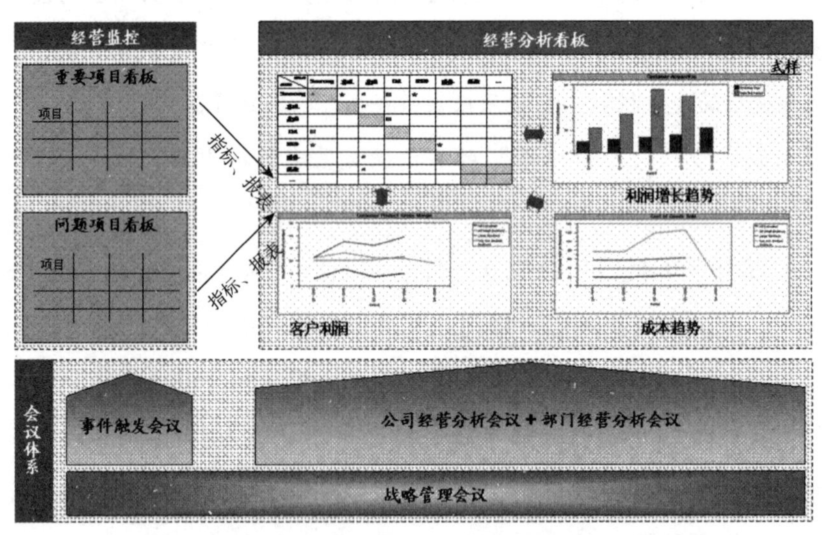

图 4－15　某企业涉及“会议体系”的管理咨询项目主要成果

同时，通过指标体系、报表体系和会议体系的设计和实现，建立以指标体系为核心的该企业经营分析体系。图 4－16 给出了简要的示意。

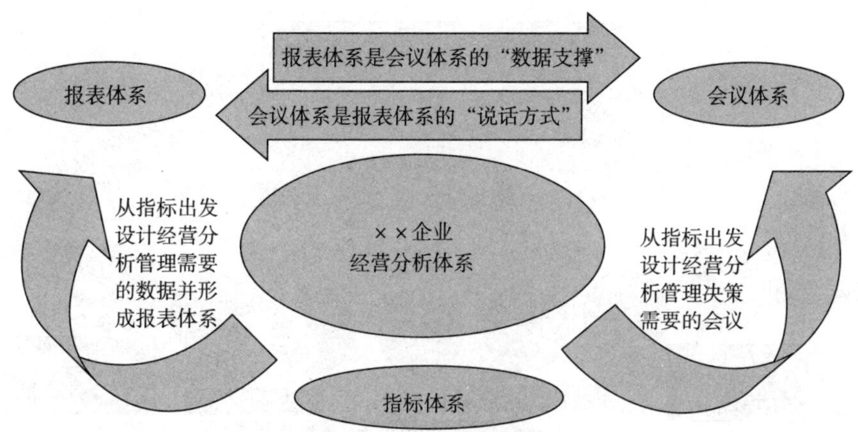

图4-16　指标体系、报表体系和会议体系之间的关系

项目进展过程中，对“流程-流程中的决策-决策所需要的信息”进行了分析，以图4-17为例。

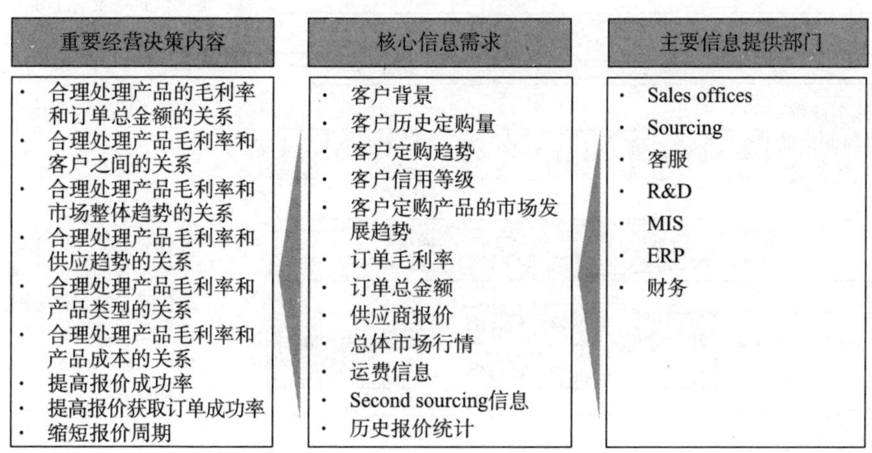

图4-17　报价流程的决策和信息分析

对部门之间的接口关系进行了分析（以图4-18为实例），并对管理看板进行了设计（如图4-19所示）：

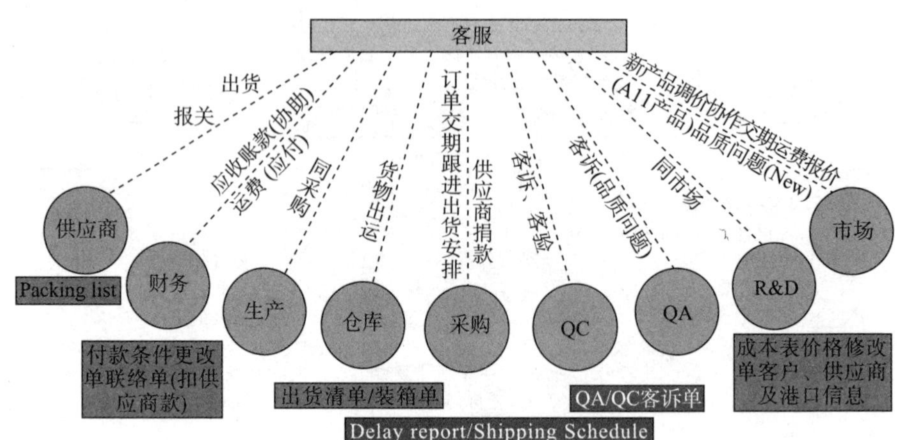

图 4－18　客户服务部门与其他部门的接口关系

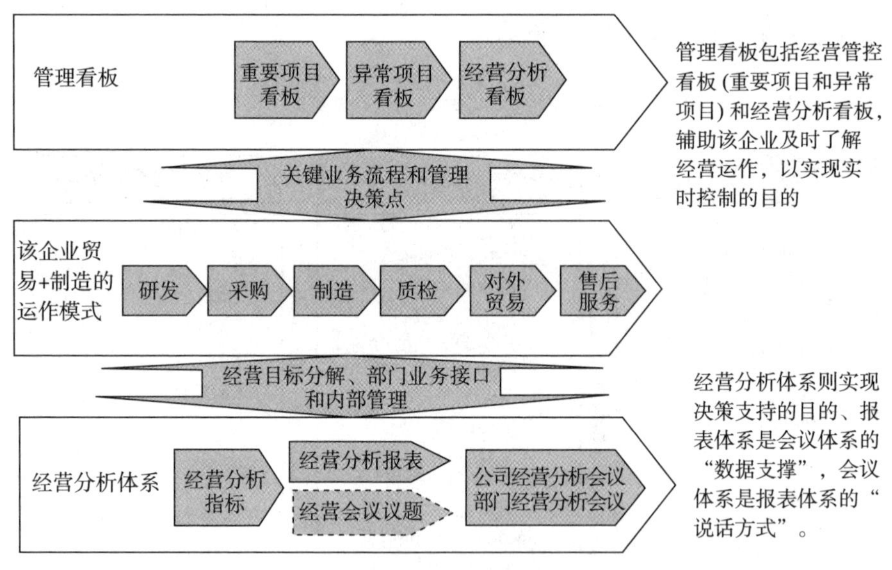

图 4－19　管理看板与经营分析体系

当结合会议体系时，不是直接关注个体会议、一下陷入细节中，而是首先就“会议体系设计的原则”进行了筛选，如图 4－20 所示：

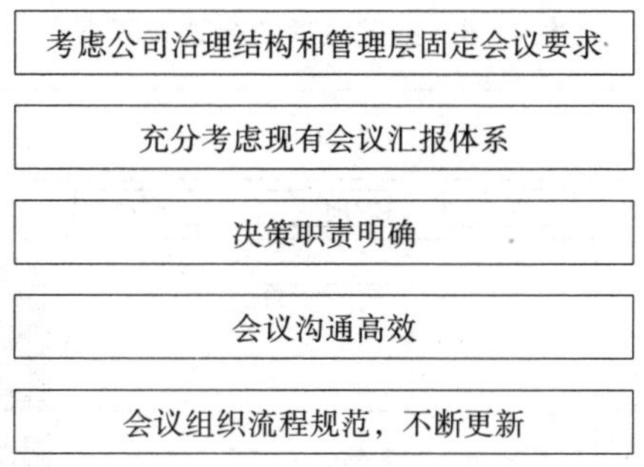

图 4－20　C 企业会议体系设计的原则

对该企业的各类会议进行了设计和排期，表 4－7 是一些周期性会议的排期。

表 4－7　一些周期性会议的排期

第一周	第二周	第三周	第四周
部门周例会	部门周例会	部门周例会	部门周例会
销售总结会议　财务控制会议			
	产品开发与报价协调会议　供应商管理会议		
		ISO内审会议	
		成本控制与财务改进会议　运费管理会议	战略管理会议
			出货总结会议

根据会议体系和会议排期，给出了各关键经理的会议日程表（如表 4－8 所示）：

同时，为了保证以上咨询成果的落地，还给出了逐步部署 IT 的实施意见：选择并实施合适的商务智能和协同商务软件系统（如图 4－21 所示）。

表 4－8　关键经理的会议日程表

2006.6						
周一	周二	周三	周四	周五	周六	周日
Wk 31			1 每周生产计划会	2	3	4
Wk 32 5 每周销售调拨会议	6	7 营销管理小组会议	8 每周生产计划会	9	10	11
Wk 33 12 每周销售调拨会议	13 新产品项目管理会议	14 柱心领导班子例 营销预备会	15 每周生产计划会	16	17	18
Wk 34 19 每周销售调拨会议	20	21 动作计划预备会议	22 每周生产计划会	23	24	25
Wk 35 26 每周销售调拨会议	27	28 运营管理小组会议 销售与动作协调会议	29 每周生产计划会	30	31	

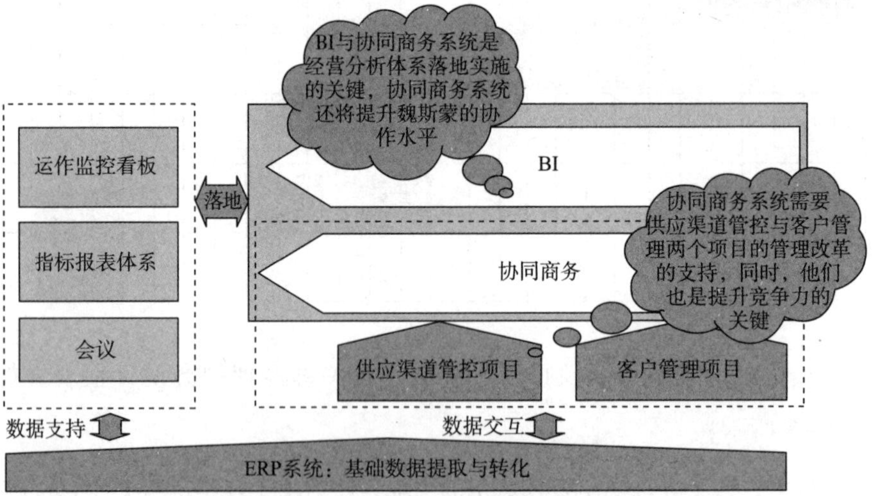

图 4－21　软件系统如何支撑会议体系

6 自测题：读哲理故事并回答问题

哲理故事：七个小矮人

在古希腊时期的塞浦路斯，曾经有一座城堡里关着一群小矮人，如图4－22所示。传说他们是因为受到了可怕咒语的诅咒，而被关到这个与世隔绝的地方。他们找不到任何人可以求助，没有粮食，没有水，七个小矮人越来越绝望。

图4－22　小矮人被困在城堡

小矮人们没有想到，这是神灵对他们的考验。神灵希望通过这次考验，小矮人们能悟出一些道理。

小矮人中，阿基米德是第一个收到守护神雅典娜托梦的。

雅典娜告诉他，在这个城堡里，除了他们呆的那间阴湿的储藏室以外，其他的25个房间里，1个房间里有一些蜂蜜和水，够他们维持一段时间；而在另外的24个房间里有石头，其中有240块玫瑰红的灵石，收集到这240块灵石，并把它们排成一个圈的形状，可怕的咒语就会解除，他们就能逃离厄运，重归自己的家园。

第二天，阿基米德迫不及待地把这个梦告诉了其他六个伙伴，其他四个人都不愿意相信，只有爱丽丝和苏格拉底愿意和他一起去努力。

开始的几天里，爱丽丝想先去找些木柴生火，这样既能取暖又能让房间里有些光线；苏格拉底想先去找那个有食物的房间；阿基米德想快点把240块灵石找齐，好快点让咒语解除。三个人无法统一意见，于是决定各找各的，但几天下来，三个人都没有成果，倒是耗得筋疲力尽，更被其他四个人嘲笑不已。

但是三个人没有放弃，失败让他们意识到应该团结起来。他们决定，先找火种，再找吃的，最后大家一起找灵石。这是一个共同而明确的目标，大家都觉得是个灵验的方法，于是三个人很快在左边第二个房间里找到了大量的蜂蜜和水。

在经过了几天的饥饿之后，他们狼吞虎咽了一番，然后带了许多蜂蜜和水分给特洛伊、安吉拉、亚里士多德和梅丽沙。温饱的希望改变了其他四个人的想法，他们后悔开始时的愚蠢，并主动要求和阿基米德他们一同寻找灵石，解除那可恨的咒语。

为了提高效率，阿基米德决定把七个人分成两路：原来的三个人继续从左边找，而特洛伊等四人则从右边找。但问题很快就出来了，由于前三天一直都坐在原地，特洛伊四人根本没有任何方向感，城堡对于他们来说像座迷宫（如图4－23所示），他们几乎就是在原地打转。阿基米德果断地重新分配，爱丽丝和苏格拉底各带一人，用自己的诀窍和经验指导他们慢慢熟悉城堡。

当然，事情并不如想象中那么顺利。先是苏格拉底和特洛伊那组总是嫌其他两个组太慢，后来当过花农的梅丽莎发现，大家找来的石头大

图4－23　城堡里像迷宫一样的房间

部分都不是玫瑰红的灵石，最后由于地形不熟，大家经常日复一日地在同一个房间里找灵石。大家的信心又开始慢慢丧失。

阿基米德非常着急。这天傍晚，他把7个人都召集在一起，商量办法。可是，交流会刚开始，就变成了相互指责的批判会。

性子急的苏格拉底先开口：“你们怎么回事，一天只能找到两三个有石头的房间?”

“那么多房间，门上又没有写哪间是有石头的，哪间是没有的，当然会找很长时间了!”爱丽丝答道。

“难道你们没有注意到，门锁是上孔的都是没有石头的，门锁是十字形的都是有石头的吗?”苏格拉底反问到。

“干吗不早说呢？害得我们做了那么多无用功。”其他人听到这儿，似乎有点生气……

经过交流，大家才发现，原来他们有些人可能找房间很快，但可能在房间里找到的石头都是错的，而那些找石头非常准的人，往往找房间的速度又太慢。

于是，在爱丽丝的提议下，大家决定每天开一次会，交流经验和窍门，把有用的那些都抄在能照到亮光的墙上，提醒大家，省得再走弯路。这面墙上的第一条经验就是：“将我们宝贵的经验沉淀下来，不要重复已经犯过的错误。”

在7个人的通力协作下，他们终于找齐了所有的240块灵石，但就在这时，苏格拉底停止了呼吸。在大家极度的震惊和恐惧之余，火种突然又灭了。

没有火种，就没有光线，没有光线，大家根本没有办法把石头排成一个圈。

本以为是件简单的事，大家纷纷来帮忙生火，哪知道，六个人费了半天的劲，还是无法生火——以前生火的事都是苏格拉底干的。

寒冷、黑暗和恐惧再一次向小矮人们袭来，灰暗的情绪波及了每一个人，阿基米德非常后悔当初没有向苏格拉底学习生火，结果让核心的东西只掌握在了一个人手里，而不是将其共享、整理，让更多人学习掌握，成为整个团队的财富。

各位读者，通过这个故事，您悟出什么道理了吗？您在故事中发现了哪些突发事件？这些事件能提前管理吗？如果本故事重演，那么需要如何把“事件触发”变成“时间触发”、“例行管理”、“事前管理”、“体系管理”？您有什么体会，请写在下面。

第五章
金字塔第二层：让运营类会议成为发动机

这段时间以来，有不少事情在一点点演进中：

◆ 先是吴总在总经理联席会上，把管理梳理的命题摆到了桌面上，引发了好几位副总的共鸣。

◆ 欧阳受命成为这次专题改进课题的项目经理，李标、刘静等人积极参加到这个课题组中来。

◆ 战略类会议的一些细则已经开始起草，外部顾问也给出了修改意见。几次会议按照细则中的既定目的、既定议程开下来，好几位参会者都反馈说，原来要开一整天的会，把人都拉弹簧拉疲软了，现在直奔主题，其实小半天就能散会了，正好留有足够的精力去落实执行。

◆ 中层的一些经营开始摸底，组织调研、收集问题、下到现场去倾听。

可就是眼前这份《中层调研总结》，在欧阳的意料之中，又有些意料之外。本来，他对于中层工作的繁忙程度是有心理准备的，这是意料之中；意料之外的是，刘静组织调研并提交上来的这份总结，竟然每页上都赫然画着三根鸡毛（如图 5－1、图 5－2 所示）。

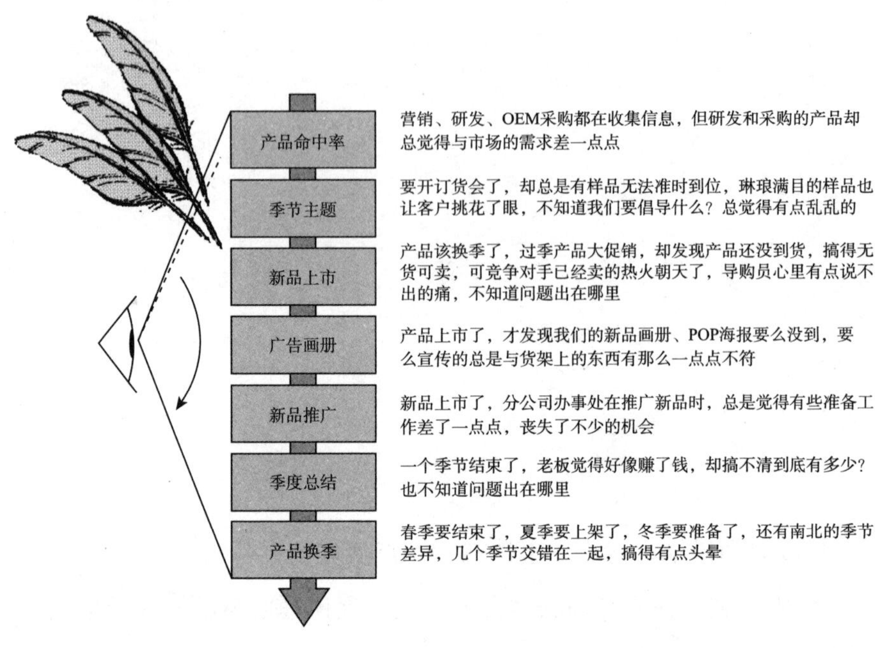

图 5－1　鸡毛信：运营中的问题列举

调研报告里不仅包括了图 5－1、图 5－2 所示的一些问题，还列举出了在中层经理中呼声特别高要解决的问题：

☹ 我们这个行业季节性很强，但每个季节到底要做多少事情，哪些是常规的，哪些是特殊的？谁能说清楚？

☹ 这些事情，哪些先做，哪些后做，哪些可并行，是不是所有人都清楚？是不是这些事情在时间和内容上真的有联系？

☹ 这些事情到底谁负责？谁来配合？配合的职责是什么？该如何考核他们？

☹ 每个季节到底要开多少次会，做多少份文件才能把事情做得顺

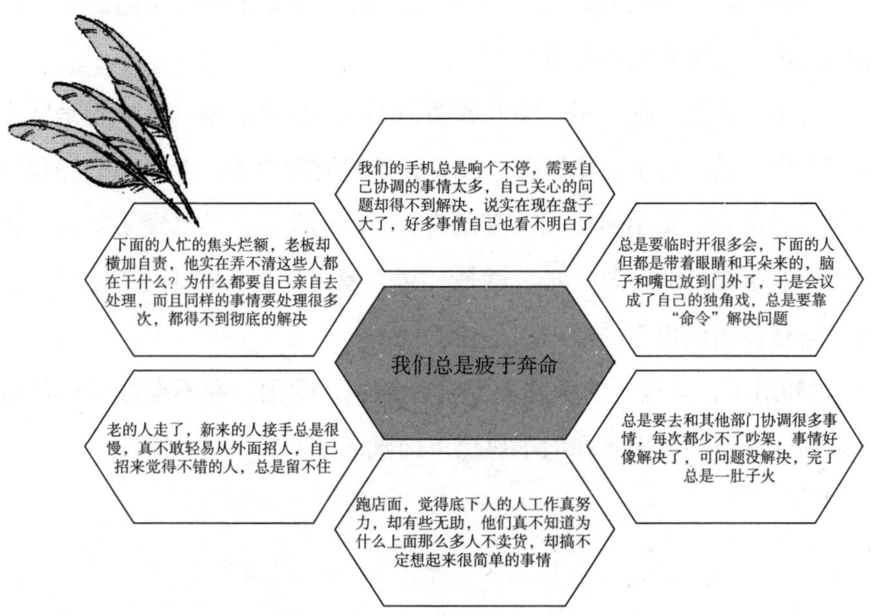

图 5－2　鸡毛信：中层的工作状态描述

畅一点，是不是需要规范一下？

☹ 每个季节结束了，是不是让大家都坐下来好好总结一下，到底出了什么事情？同样的问题出现了第二次、第三次，至少不要再出现第四次？

☹ 每个季节是否需要一个人来总协调，不要靠部门之间吵来吵去？

☹ 是不是要有一个好的 IT 平台来支撑季节的运作，光靠打电话、开会和写报告好像真的是搞不定了，但这样的 IT 平台到底是什么呢？

俨然，这是一封鸡毛信。

欧阳体会到了总经理在那个晚上说的那句话，“运营就是管理，管理就是业务，呼吸就是吃饭，吃饭就是呼吸”。“艾小莉，请来一下。”欧阳拨通了助理的分机。

“艾小莉，你帮我算算，这封鸡毛信除了需要复印给我们这个专题组的人员，还需要复印多少份?”

艾小莉接过一瞧，不一会儿就明白了她的任务。她一入职就是配合欧阳工作，早已有了工作默契。况且，这段时间以来，李标和刘静他们参加的讨论会，艾小莉也是一直在负责会议纪要的，她已经了解到，推动企业变革提升的首要一步，就是“树立紧迫感”，欧阳正是让她把这种紧迫感传递到更多的经理那里去。

“知道了，该送达的经理都要复印送达，欧阳，我不会像送信的放羊娃那样，把鸡毛信盖在大羊尾巴下面藏起来的?”

1　运营主线→决策点→会议

欧阳收到的鸡毛信代表了不少企业中层经理的呼声，他们肩上的担子很重：他们是职能部门的负责人，对上要承接战略，对下要部署一线操作，左右要协调各个部门。如果没有一些全局的、突破部门框框的思考，就很容易越忙越乱、越乱越忙。

一、制造型企业的运营主线分析

很多制造型企业的产品受市场需求影响，导致其在每年的业务运营中形成一定的季节性或者周期性。

以一家鞋服企业为例，图 5 – 3 给出了其从运营角度出发的主线分析。

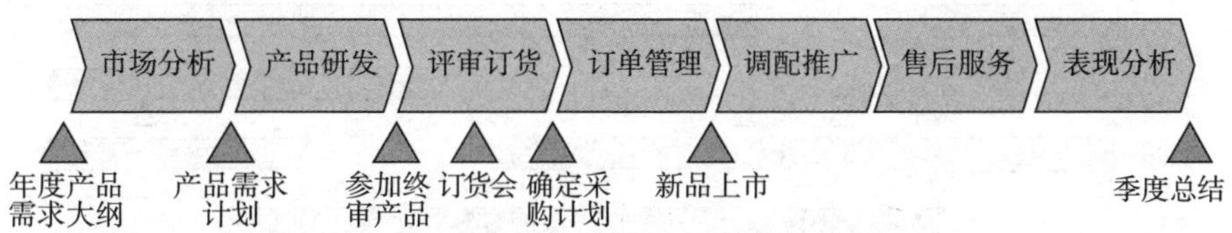

图 5 –3　某鞋服企业的运营主线

这条主线告诉我们，一个产品季有 7 阶段，如果按照多产品季来展开，则如图 5 –4 所示：

进一步，我们梳理出各产品季的关键里程碑、达成里程碑所需要的关键决策项和关键决策所需要的需求。这个示例中达到 170 个左右，用小三角表示，图 5 –5 为示意图：

图 5 –5 纵向是每个月度的维度，从中我们可以看到，每次月会涉

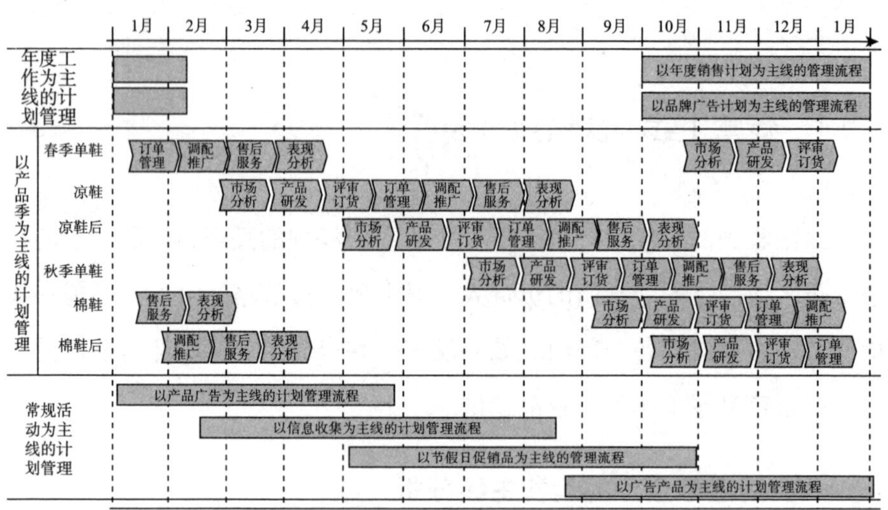

图5－4　某企业的多产品季

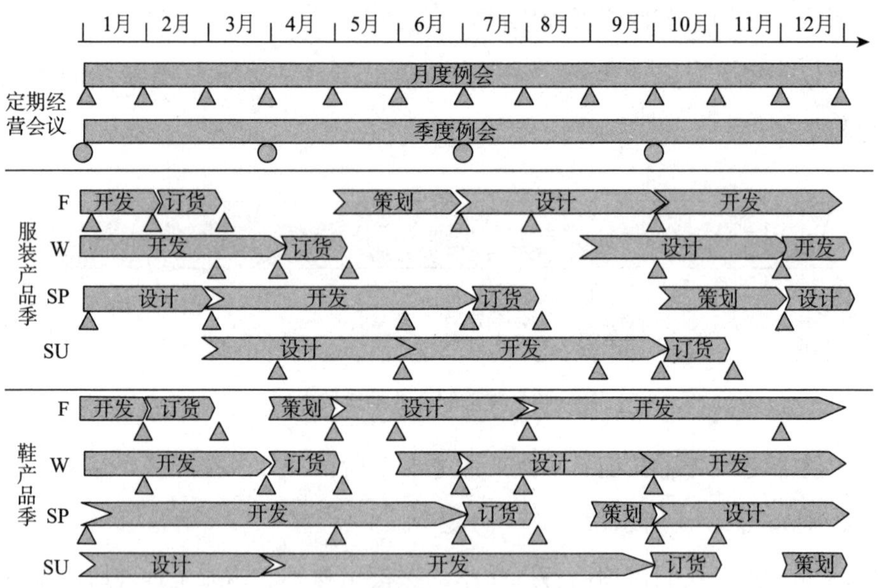

图5－5　各产品季的关键决策项

及的多产品大类工作，不少重要事件会经常发生、每年重复，那么这些常规的工作就需要将其标准化、模板化。具体做法可以是：

◆ 纵向得出月工作任务、月度可能涉及的会议议题。

◆ 从议题到会议的分配、会议到会议角色的分配。

◆ 得到中层经理人的会议地图。。

这种主线的梳理直至落实到会议，其实就是一种业务逻辑的因果分解，即要达成宏观的战略目标，具体需要做哪些细节工作。**一级级的细节工作是“因”，“因”都达成了，那么“果”就会在不求中求得。**就是吴总在马勒别墅说的那句话，“体系建设好了，销售和利润将在不求中求得”。

我们来对比一下，把这种业务因果分解关系和会议结合起来，结合前后有什么不同，具体如表 5－1 所示：

表 5－1　采取业务因果分解关系前后对比

…采取因果分析之前	…采取因果分析之后
－缺少因果分析 －人们参加一场会议，往往准备从集体讨论中得到好主意和结果，于是会前不思考 －会议气氛是消极地对既成事实的失望和滞后信息叹息 －等待每月一次的分析，这种反应式的解决问题的方法浪费了宝贵的时间和有价值的信息	**－展开因果分析…** －会前准备好那些问题，将获取重要的战术性知识的重担转移给负责的个人 －经过一段时间后，人们将提前进行决策过程，自然而然的会前准备活动，使因果分析成为一种生活方式
－常见的错误 • 收集数据，研究自己的失败，识别进程遇到的根本障碍，然后停下来讨论其他备选方案的优点 • 带着打算解决问题的承诺和想法来参加会议，却借口没有采取行动，是因为等待“某个人的批准”	**－汇报已采取的纠正行动，把会议从检查阶段踢到行动阶段** • 通过会议程序激发个人，将已知的东西变成可定义的东西，比如会前问题“你已经采取了什么纠正措施” • 个人做出纠正行动表。团体成员通常就能估计个人的变化是否足以消除差距和维持进步

这种因果分解是管理学上一种很常用的普遍做法，通过“分解”，

将“模糊”、“综合”的管理概念，落实为“可检测”、“可控制”、“可操作”的工作细项。

将模糊的“基层员工士气管理”转化为12个细则

我们来看一个著名的Q12分解（Q12的精髓在于测量和行动两个阶段的循环开展），它由盖洛普公司提出，把“基层员工士气管理”这个模糊综合的概念，落实为12个细项，让基层员工来回答“yes”或者“no”：

◆ 我知道对我的工作要求。

◆ 我有做好我的工作所需要的材料和设备。

◆ 在工作中，我每天都有机会做我最擅长的事。

◆ 在过去的七天里，我因工作出色而受到表扬。

◆ 我觉得我的主管或同事关心我的个人情况。

◆ 工作单位有人鼓励我的发展。

◆ 在工作中，我觉得我的意见受到重视。

◆ 公司的使命/目标使我觉得我的工作重要。

◆ 我的同事们致力于高质量的工作。

◆ 我在工作单位有一个最要好的朋友。

◆ 在过去的六个月内，工作单位里有人和我谈及我的进步。

◆ 过去一年里，我在工作中有机会学习和成长。

这种分解结构就给人力资源经理的“基层员工士气提高专题会议”怎么开提供了指导。各位读者，你觉得对于中层经理来说，还有哪些好的分解可以用于我们的会议、用于管理标准化及系统化的提升，欢迎邮件交流。

二、项目型企业的运营主线分析

不同行业需要把握各自的运营特点，即从业务特点出发，来规划会议。我们以地产企业为例，来梳理运营类会议，具体如图 5－6、图 5－7 和图 5－8 所示。

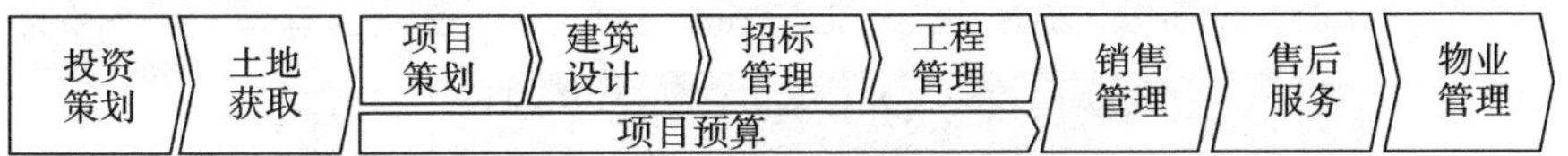

图 5－6　地产行业的运营主线

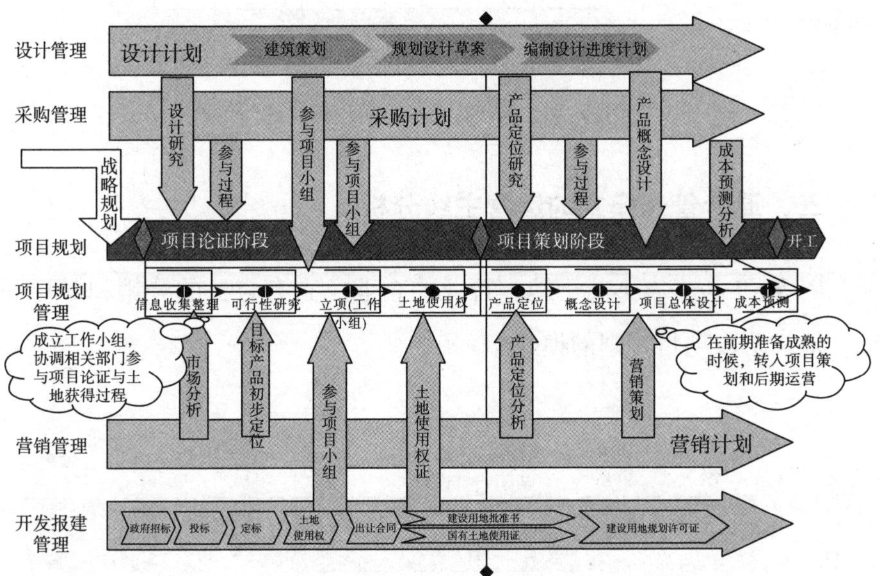

图 5－7　地产行业的项目规划主线

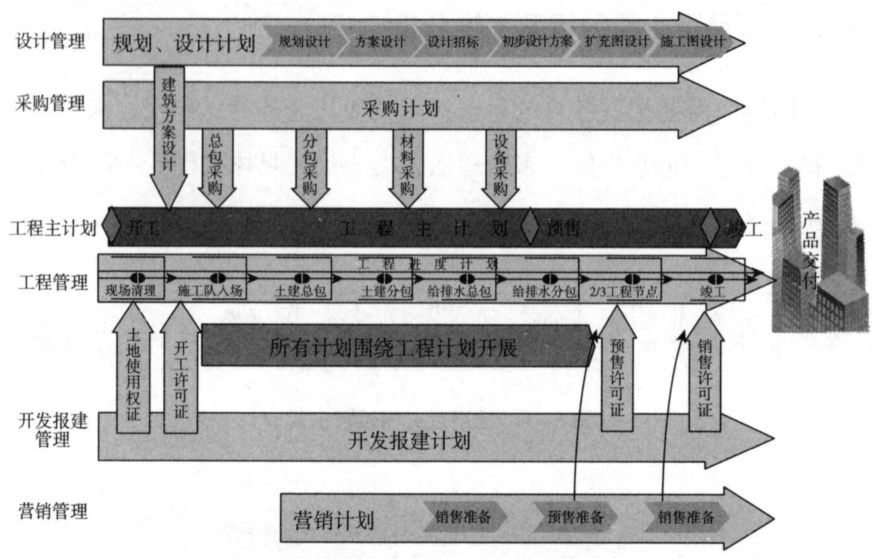

图 5－8　地产行业的项目运营主线

三、混合管理模式的运营主线分析

图 5－9 是一家不属于地产行业的企业，它有自己的分销和零售环节，但又采取项目管理的模式。

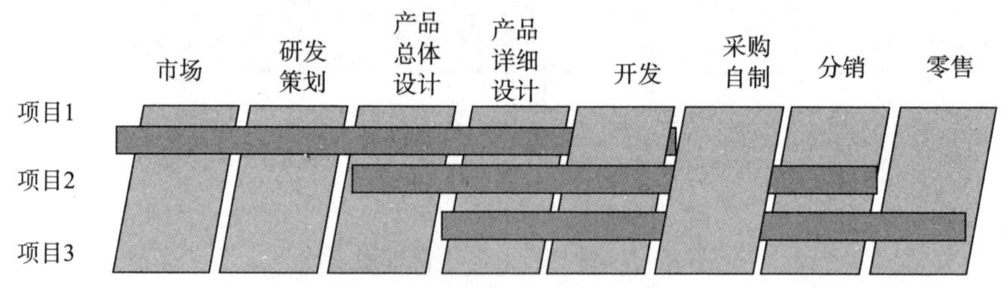

图 5－9　某企业的混合管理模式

读者可以根据上面的内容思考一下，这家混合管理模式企业的运营主线该如何规划？

2　部门间开会吵架怎么办：运营类会议的3种冲突场景

作者博客上的网友评论

Whyme

会议问题确实令企业上下头疼。我遇到一个民营企业的老板经常把经营业务会议变成骂人会，往往会后才发现该解决的问题没讨论。

白阳

企业内部最不公平的事情就是要寻求绝对的公平，每个人的意见都要尊重，结果就是平衡处理的“怪胎”。不过这样的理念和意识还得是老总觉悟了才会有效，毕竟各个角色的定义和责权的判定是掌握在他手里。

个人最为佩服的是作者这样系统化的思维方式，无论是企业还是个人，通过这样持续再思考、梳理、内省的过程，才是最有价值的。前提是目标明确，信念坚定。

前面我们谈得更多的是运营类会议的盘点、梳理、规划和设计问题。其实，运营类会议本身要开好，还是需要一些技能技巧的，一个要解决的突出问题就是：运营类会议上的参与者都是同级的不同部门，由于“屁股决定脑袋”，各部门彼此都有自己的本位，部门之间在运营类会议上吵架就成了一道常见的风景线。下面，我们就来谈谈如何控制好会议中的冲突和压力。

圣经《旧约》上说，人类祖先最初用的是同一种语言。他们在底格里斯河和幼发拉底河之间，发现了一块异常肥沃的土地，于是就在那里定居下来，修起城池，建造起了繁华的巴比伦城。后来，日子越过越好，他们为自己的业绩感到骄傲，决定在巴比伦修一座通天的高塔，来传颂自己的赫赫威名，并作为集合全天下弟兄的标记，以免分散。因为大家语言相通，同心协力，阶梯式的通天塔修建得非常顺利，很快就高耸入云。上帝耶和华得知此事，立即从天国下凡视察。上帝一看，又惊又怒，因为上帝是不允许凡人达到自己的高度的。他看到人们这样统一强大，心想，能建起这样的巨塔，日后还有什么办不成的事情呢？于是，上帝决定让人世间的语言发生混乱，使人们互相言语不通。

于是，人们开始讲不同的语言，彼此很难进行有效沟通，无法统一思想，并且开始互相猜疑，各执己见，争吵斗殴。这就是人类之间误解的开始。

修造工程因语言纷争而停止，人类的力量消失了，通天塔终于半途而废。

《旧约》中的这个故事告诉了我们一个道理：团队没有默契，不能发挥团队绩效，而团队没有交流沟通，也不可能达成共识。

会议，是团队沟通交流最普遍、最有效的方式。

◆ 通过会议，使不同的人的不同的想法汇聚一堂，相互碰撞，从而产生“金点子”——许多高水准的创意就是开会期间不同观念相互碰撞的产物。

◆ 通过会议，事情的多方参与者坐在一起，都有机会反映自己权责范围内的情况并就此发表意见，使领导和各方都能更为全面、综合地了解事态，并通过讨论解决纷争、制定解决方案。

◆ 会议，是跨部门跨岗位进行团队沟通的最直接、最直观、最广泛使用的方式。随着科技的迅猛发展，人们的沟通方式越来越多，现在人们可以通过 E-mail、多媒体等种种形式进行沟通。但是，群体沟通，即会议这种方式，是任何其他沟通方式无法替代的。因为这种方式最直接、最直观，这种方式最符合人类原本的沟通习惯。

如图 5-10 所示，通过会议，在运营问题上会产生很多好的想法。

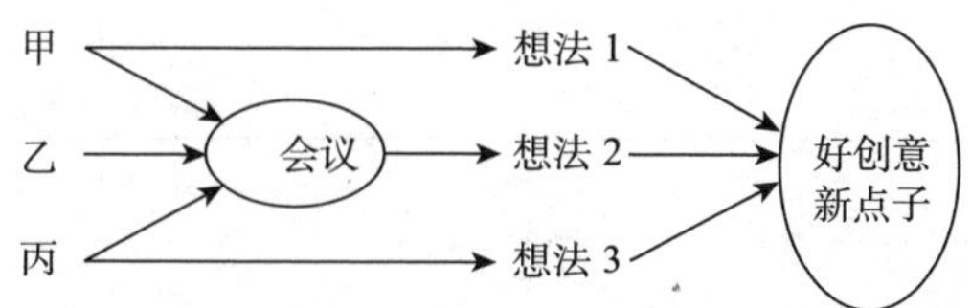

图 5-10　运营类会议：不同部门进行运营问题交流的有效方式

一、会议中的三种冲突情景

什么是冲突？冲突是个人和个人之间、个人和团体之间，或者团体和团体之间对同一事物持有不同的态度与处理方法而产生的矛盾。

冲突的实质是观点差异。

冲突之所以发生，可能是利益相关者对若干议题的认知、意见、需求、利益不同，或是基本道德观、宗教信仰等不同因素所致。冲突，很多时候看上去是不可避免的，但是，是不是就意味着没有冲突的会议或者沟通就是更好呢？

非也，冲突太多或太少对组织的发展都是不好的。冲突过多会造成混乱、无序、不合作和分裂，冲突太少会使组织对变化反应迟缓，缺乏变革动力和欲望。具体如下：

◆ 冲突是会议中的必然产物。在会议沟通的过程中，每个人都会有自己的想法和意见，分歧无处不在，因而冲突也是会议中的必然产物。

◆ 建设性的冲突，是实现会议目的的必要条件。只有充分获得各方的不同意见，才能真正全面了解问题、解决问题，通过集思广益，搜集很多很好的点子。

◆ 破坏性冲突，是影响会议效率和效果的主要原因。在沟通讨论的过程中，太低、太少冲突或者冲突激化、失控，都是破坏性的，如图 5－11 所示。

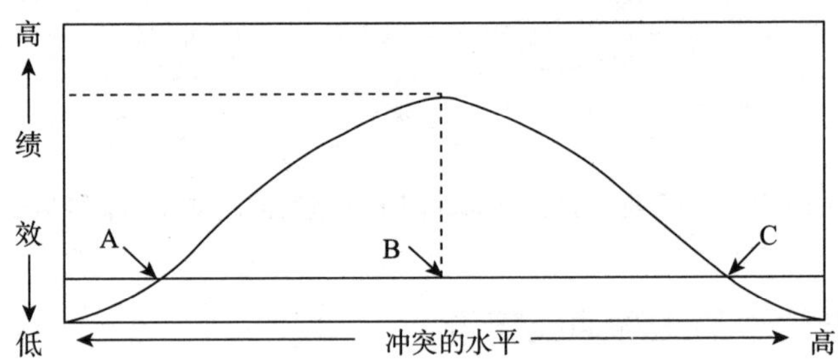

图 5－11　冲突的 3 种场景与绩效

而控制冲突，所要做的就是：**冲突过少时，鼓励有益的冲突；在冲突过多时，抑制冲突，努力维护一个和谐的沟通秩序，从而提高沟通的效率。**

从图 5－11 中可以看到，开会的效率随着冲突的水平呈现不同的曲线：

◆ 在 A 情景，由于冲突水平过低，发言和讨论太少，没有达到沟通交流的目的，会议的效率低。

◆ 在 B 情景，冲突控制在一个适量的水平上，参与者为了实现共同的目标，积极发言并听取其他意见，会议的气氛和谐而充满活力，达到了高效率。

◆ 在C情景，冲突水平过高，争执过于激烈，各方都只关心自己的胜利、争着表达自己的观点而听不进其他人意见，会议效率很低，陷于无效的争吵中，甚至发生人身攻击现象。

因此，要实现良好的会议冲突管理，就是要激励有益的建设性冲突——冲突水平适量的B情景，抑制破坏性冲突——冲突过低A情景和冲突过激的C情景，如表5－2所示。

表5－2　三种冲突情境的比较

情境	冲突水平	冲突类型	内在属性	效率
A	低或没有	破坏性	冷漠的、停滞的，对改变没有反应，缺乏新意	低
B	适量	建设性	有活力的、自我批评的、创新的	高
C	高	破坏性	破坏性的、无秩序的、不合作的	低

很容易想象，当我们洋溢着极大热情的意见在遭受与会者近乎藐视般的否决之后意味着什么？或者，还有更糟的，当你正充满豪情地发表着自己“演说”的时候，却发现一大部分人都在低头对着自己的笔记本“忙碌”着……问题出在哪里？

二、针对冲突过低的A情景：营造良好发言环境

（一）畅所欲言，想说就说

好的会议要紧密围绕着主要的议题，尽量让每一位与会者都发言，提出自己的想法，因此**营造一个良好的发言环境非常重要**。这将直接影响参与者发言和思考的积极性，反之，则往往导致A情景的发生。

可是，如何营造这种积极的气氛呢，在这方面专家们提出了各自的

说法。比如：禁止对现有观点批评；追求观点的数量而不是质量；鼓励狂热和夸张的观点；提倡在他人提出的观点之上建立新观点；延迟评判；欢迎自由思考，各抒己见；追求数量；拒绝批评；欢迎“自由奔放”；异想天开，构想越多越好；允许根据别人的构想联想另一种构想等。

总的来说，应遵循的原则可以概括为以下六点：

◆ 鼓励激进的想法——意见越多，产生好意见的可能性越大，好想法的出现都有一定的比例。

◆ 可以建立在其他主意之上——可以借鉴。除了提出自己的原创性意见外，鼓励参加者对他人已经提出的设想进行补充、改进和综合。

◆ 始终聚焦于主题——在活动过程中，参与者思考问题时必须紧紧围绕会议的主题，这样才能保证所提出的新想法对解决实际问题有帮助的可能性。

◆ 不准评论他人构想的好坏——评论他人构想的好坏会直接影响发言人的发言积极性，可能会使其以后不愿意再提出自己的想法，同时也会给其他人造成一种负面的影响而不敢发言，从而使整个活动无法达到预期目标。

◆ 服从主持人裁决和指挥——主持人是整个活动顺利进行的维护者，要处理各种在活动中可能出现的问题，因此对主持人做出的裁决和指挥，其他人必须服从，以保证活动的顺利进行。

◆ 不建议私下交流——会议要的是大家各抒己见，探询的是新想法和新思路，而不是大多数人认为的所谓有效或正确的方法，而私下交流可能会使交流者的思想和意见偏离其原有的想法，很可能会导致大家众口一词，这就严重背离了会议搜集各方意见的目的。

当然，激发出每一位成员的热情对于团队建设和会议的效果又非常重要。所以，在会议的开展过程中，还应尽量避免使用那些可能影响其他人思考和发言积极性的词语。例如："理论上可以说得通，但实际上并不如此"，"没有价值吧"，"可能大家不会赞成"，"会被人讥笑的"……

（二）学会发言，习惯倾听

在众人参与的会议上，只有当会议参与者都能发表意见并且了解其他人的意见时，才有所谓"沟通"，会议的目的——搜集各方信息和多方共同讨论以做决策才能得以实现。因此，会议管理必须要维护好这样的秩序：

◆ 要让每个人都有机会发表意见，并且都能完整地把话说完，这样才能获取到每个参与者的信息，并且维持参与者发表意见、参与沟通交流的积极性。

◆ 要求参与者听取其他人的意见。在会议的沟通交流中，了解其他人的信息和意见既是他的权力，更是他的义务。

三、针对A情景和冲突过高的C情景：平衡会议中的压力

在会议中，过大或过小的压力都会直接影响与会者参与和发表意见的效果：

◆ 冲突水平过低的A情景：会议冷场，没人发言，参与者没有参与沟通、发表意见的责任感，进而失去了由责任感带来的正常压力，"不愿说话"了；或者参与者变得十分担心发言的后果、怀疑自己发言的资格从而产生了过大的压力，"不敢说话"了。

◆ 冲突水平过高的C情景：讨论的矛盾激化、气氛过分紧张，参与者的情绪也会随之变得很激动，从而带来很大的压力。

因而，要抑制 A 情景和 C 情景，鼓励建设性冲突、建立积极的沟通氛围，会议中的压力管理是基础，而这部分会在下一节详细展开。

四、防止理想的 B 情景向 C 情景转化

我们经常会遇到这样的情况：会议开始时秩序良好，大家都在积极参与讨论；不知不觉气氛越来越激烈，和谐的讨论逐渐演变成火星四射的争执甚至吵架。争执者都在高声发表自己的观点而听不进别人的意见，甚至由议题的争论转向人身攻击，场面失控，会议的议程完全无法继续下去。

这就是很典型的 B 情景向 C 情景转化的过程。在 B 情景中，讨论激烈但冲突在一个适量的水平；而在 C 情景，讨论过激、场面失控，冲突变成了破坏性的。因此，要迅速鉴别 B 情景建设性冲突与 C 情景破坏性冲突的临界状态，及时对情况做出判断并控制场面，从而抑制 B 情景向 C 情景的转化，这是会议冲突管理的关键。

B 情景和 C 情景的具体特征对比如表 5 – 3 所示：

表 5 – 3　B 情景和 C 情景的具体特征对比

B 情景	C 情景
双方对实现共同目标的关心	双方对赢得自己观点胜利十分关心
乐于了解对方的观点、意见	不愿听对方的观点、意见
以争论问题为中心	由问题的争论转为人身攻击
互相交换情报不断增加	互相交换情报不断减少
愉快的气氛，舒缓心情，感觉获得交流新知	情绪压抑，内压增高

五、破坏性冲突的处理策略

在 C 情景，参与者都沉于低效甚至恶意的争执，讨论效率低下，

会议目标无法达成，所有人的时间都在被白白浪费着。因此，当冲突破坏性、争执激化时，主持人和参与者需要根据不同的情况及时采用不同的处理策略，如表5－4所示：

表5－4　破坏性冲突的处理策略

处理策略	处理结果	适用情景
强制	满足我方需要，而不考虑对方的需要	1. 快速、决定性的行为：紧急事件 2. 遇到不同寻常的情况时 3. 有关大众利益的
合作	让彼此的需要百分之百得到满足	1. 双方所关心的事十分重要，且无法妥协时 2. 当目标明确时 3. 整合不同的看法 4. 整合不同的关系
妥协	通过相互的让步，促使彼此的需要得到局部的满足	1. 当目标明确，但不值得努力，或存在潜在瓦解危机时 2. 势均力敌的对手相互排斥时 3. 非常复杂的议题 4. 时间及成本具有相当压力时 5. 合作与强制都不成功时
回避	双方的需要都没有得到满足	1. 议题微不足道，或者有更重要的议题时 2. 毫无机会可满足所关心的事时 3. 潜在的分裂超过解决问题所带来的利益时 4. 使人冷静下来及有重要认知时 5. 搜集资料比立刻决定来得重要时 6. 别人能更有效率地解决问题时
顺应	委曲求全，不考虑自己的需求	1. 发现自己错误时，显示自己的理性 2. 议题对别人比自己重要时，保持合作态度满足别人 3. 将损失减到最低 4. 当和谐与安定更重要时 5. 允许属下从错误中学习，发展自我

六、针对“中国人”性格做会议压力管理

认识“会议压力”和“中国人”性格之间的关系，对会议创新做中国式改造。

通常来说，压力分为以下两种情况：

◆ 个人面对具有威胁性刺激情景，意识无法消除威胁时的感觉。

◆ 内在与外在要求的总和大于个人适应能力时，心理上产生的一种压迫感（无法负荷）。

在会议沟通过程中，如何将参与者的压力控制在一个适当的水平，避免不必要的过分压力呢？

国人的性格障碍是压力构成因素之一。

（一）中国人的性格总体上偏于内向

在开会讨论的时候，不愿意主动发表意见。虽然主持人可能事先要求参加者踊跃发言，但是真正开始以后，却时常冷场，这更加导致发言欲望的降低，甚至有很多人隐约觉得在众目睽睽之下讲话“有点傻”，会被人认为是出风头，招惹是非。

（二）中国人有一种做“狙击手”的心态和习惯

俗语“枪打出头鸟”说的就是这个道理。开会的时候自己不说话，只等别人说一些想法以后，开始评头论足，不但严重打击了建议者的积极性，抑制了他们的思维，还给大家造成一种观念，就是开会的时候“谁先讲话谁先死”。

当创新的想法被批判得体无完肤的时候，就不会再有人去做发散性思考，群体智慧根本不可能再发生激荡，创新和集思广益就成了无水之源。

（三）中国人面子观念太重

与会者在自己说话的时候，会顾虑到自己的发言是否会伤及他人的面子，搞得别人不开心，为自己的人际关系埋下隐患，这就将中国人的内耗和暗地里斗的心理特征结合起来了。开会的时候参加的人越多，发言者要考虑的对象就会越多。

基于上面关于国人的性格问题对会议的压力影响分析，在引进和实施一些创新的会议形式时（如头脑风暴），要注意与我国实际情况相结合，充分考虑国人的性格问题，对新式方法进行“中国化改造”。下面的内容则给出了日产等企业的高效会议实践，读者可以思考如何进行“中国式改造”。

3 日产等企业的高效运营会议实践

日产如何开跨部门会议：

◆ 不请决策者参加，以免影响讨论方向。

◆ 时间以“分”为单位，清楚划分。

◆ 会议有“保密协定”，不分职位高低畅所欲言。

◆ 让员工接受“会议召集人”的专业训练。

◆ 会议召集人保持中立立场，全力协助会议顺利进行。

◆ 精准计算会议成本：会议成本 = 人数 × 时间 × 薪资单价；会议报酬率 = 会议成本/会议效益。

注：日产汽车靠着有效的会议革命，省下了六十亿日元成本，日产总结说：“有效开会，稳赚不赔。”《日经商业周刊》评论说：“日产亮丽的成绩背后，是成功的会议。”

丰田汽车的办公室标题：

◆只开有实际效果的会议。

◆准备开始，最好一小时内结束。

◆重点在实际行动。

Watamt Feed Service：速会、速决、速做。

花王企业：开放空间开会，有机动性、资讯快速共享、即时决策。

日本 Oracle 公司：双色会议室，两种使命感。红色房间通知晋级晋职，青色房间作为讨论与训话场所。

4　案例：如何用IT系统来支撑运营类会议

实例1：D企业由单一OA系统到综合软件平台

D企业希望从原有传统单一的OA系统，切换到“流程管理+会议管理+报表管理+文档管理”的综合软件平台，使得该IT系统能支撑图中的主要流程，具体如图5-12所示：

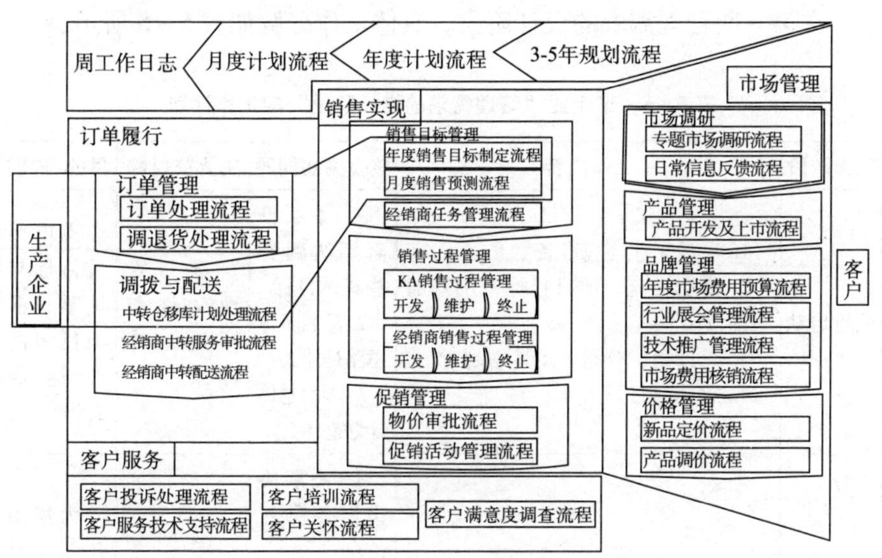

图5-12　D企业的主要流程

为了达到这个目标，AMT管理咨询顾问和该企业一起制定的工作思路如图5-13所示：

该项目的计划整体分为两期：管理需求的设计阶段、IT软件的实施和推广阶段。

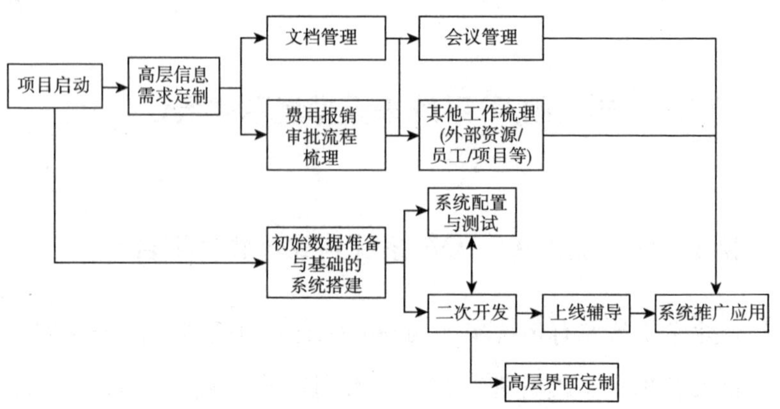

图5－13　D企业涉及“会议体系”的管理咨询项目总体思路

在第一期管理需求的设计阶段，具体工作分解如表5－5所示：

表5－5　某企业“管理需求的设计阶段”的工作计划

工作阶段	工作内容	核心关注问题	主要交付物	目的/说明
项目启动	1. 项目工作环境准备 2. 高层交流，项目目标范围沟通与确认 3. 总计划、双周、周计划制定 4. 启动会召开	1. 本项目需要达到哪些具体目标 2. 项目具体思路是什么 3. 项目总体计划是什么	项目管理文件与模板工作计划	重申项目目标与计划，在项目组内外达成共识
高层信息的定制	针对CEO及各位副总，沟通并确认高层决策所需要的信息需求	1. 高层决策需要哪些信息 2. 原有OA系统能够提供哪些重要信息	各高层的信息需求及界面设计	为集团几位高层提供定制化的信息界面

续表

工作阶段	工作内容	核心关注问题	主要交付物	目的/说明
文档管理	1. 文档目录体系的设计，文档分类、分级，主要包括： （1）集团级应用的目录设计 （2）集团部门级应用的目录设计 （3）营销公司级应用的目录设计 2. 目录与文档的权限体系设计 3. 三个部门的知识地图清单梳理与设计，包括： （1）信息管理部知识地图 （2）财务管理部知识地图 （3）人力资源部知识地图 4. 知识地图的维护	1. 如何设计完善且规范的文档目录体系 2. 如何设计权限体系，既保障信息安全、又促进信息共享 3. 如何保证知识地图的质量和维护效率	1. 文档目录体系 2. 目录与文档的权限体系知识地图清单与维护	搭建完整的文档管理体系，促进知识的共享，使该企业变成一个有“记性”的企业
费用报销审批流程的梳理	1. 集团与营销公司各种日常行政费用报销审批流程的调研 2. 费用类型的分类、划分：差旅费、招待费、培训费、员工福利费、日常费用等 3. 审批规则的整理与讨论 4. 费用报销审批流程的流转图、表单和关键字段的明晰	日常费用报销审批流程的复杂程度如何	费用报销审批流程梳理与系统实现	节省报销时间，提高审批效率，通过报表提供管理分析
会议管理	1. 基于现有的会议体系，将会议管理落实到系统中： (1) 例行会议，设定时间触发的工作流 (2) 非例行会议的召集机制设计 (3) 会前会后相关文档模板的强制化 2. 部分会议相关文档模板的梳理，关注集团层面的会议，包括： （1）集团年终大会 （2）季度的绩效考核会 （3）各系统的月度例会，包括：总裁办公会议、营销分析专题会议、财务分析专题会议、战略信息专题会议、研发专题会议、质量专题会议、生产运作、安全专题会议、行政专题会议、销售和生产运作协调会议、审计专题会议、基建项目管理专题会议、采购专题会议	系统能为现有的会议体系提供哪些重要支持	会议管理及系统实现	提高会议效率，实现会而有议，议而有决，决而有行，行而有果

在第二期 IT 软件的实施和推广阶段，具体工作分解如表 5－6 所示：

表 5－6　某企业 IT 软件的实施和推广阶段的工作计划

工作阶段	工作内容	核心关注问题	主要交付物	说明
基础的系统搭建	1. 系统安装与测试 2. 组织结构、测试用户账号设置 3. 用户权限与多维度文档目录结构的初步设置 4. 集团所有账号的设置（权限设置） 5. 配置方法的培训与实践	相关 IT 部门人员能够熟悉软件系统的基础配置方法	初步成形的系统	
系统配置与测试	1. 目录与文档的功能配置、费用报销工作流的配置 2. 会议管理的配置、蓝凌 OA 系统功能的迁移 3. 各项配置的测试 （1）费用报销工作流的测试（三次） （2）原有 OA 的现有工作流迁移后的测试 （3）高层信息门户的测试与反馈	1. 如何保证配置效率 2. 如何组织不同规模的测试保证系统的稳定性	系统功能的配置完成	
二次开发	实施过程涉及部分特殊需求，需要进行系统的二次开发 （1）系统与邮件系统的单点登录 （2）工作流批量审批 （3）高层界面定制 （4）与 RTX 的集成 （5）相关报表开发	如何保证开发的功能效果又不影响系统的稳定性	开发需求清单及功能实现	需要明确二次开发的工作量
高层界面设计	1. 高层关注的核心信息、核心数据分析 2. 针对 CEO 等高层领导一对一设计高层平台，主要包括： 高层平台工作流设计 高层平台文档设计 高层平台整体界面设计 3. 高层平台的沟通、讨论与修订 4. 一对一实施和推广高层平台	如何找到高层的核心关注点和使用习惯进行设计和实现	高层平台正式应用	针对副总以上高层定制系统界面，与系统实施并行

续表

工作阶段	工作内容	核心关注问题	主要交付物	说明
系统上线辅导	1. 原有系统停用，新系统的全面推行 2. 相关问题的及时处理	1. 如何让各部门人员尽快会用、爱用新的系统 2. 如何保证及时应对系统的问题	系统正式上线应用	
系统推广应用	1. 执行系统推广使用计划 2. 将更多部门的用户纳入到系统中 3. 在更多部门启用文档管理、工作流等功能 4. 大面积的培训工作	如何保证推广计划的合理性	系统推广应用与配置调整	以企业人员推广为主，AMT为辅
培训工作	持续的培训准备、组织与实施 1. 高层培训 2. IT人员的配置培训 3. 用户使用培训	如何保证培训工作的效率与效果	IT部门掌握配置技能	用户掌握使用方法

实例2：E企业建设“季节主线的计划管理平台”

以鞋服行业的企业E为例，图5-14为它的季节主线的计划管理平台建设步骤。从图中，我们可以看出，IT在这里支撑不仅仅将手工工作电子化，还包括业务与决策的系统化、标准化。

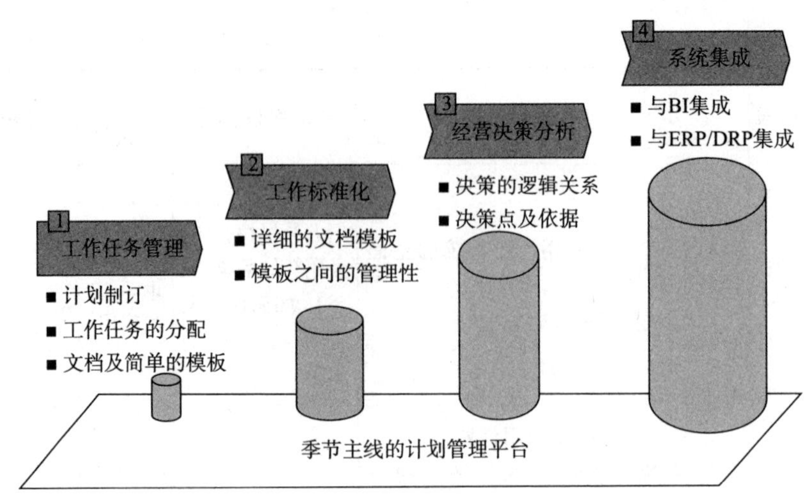

图 5－14　E 企业的季节主线的计划管理平台建设步骤

实例 3：F 企业怎么用 IT 来支撑研发流程的决策及相关会议

油脂行业的 F 企业注重产品创新，企业不断推出新品，图 5－15 是 F 企业的研发流程示意图。

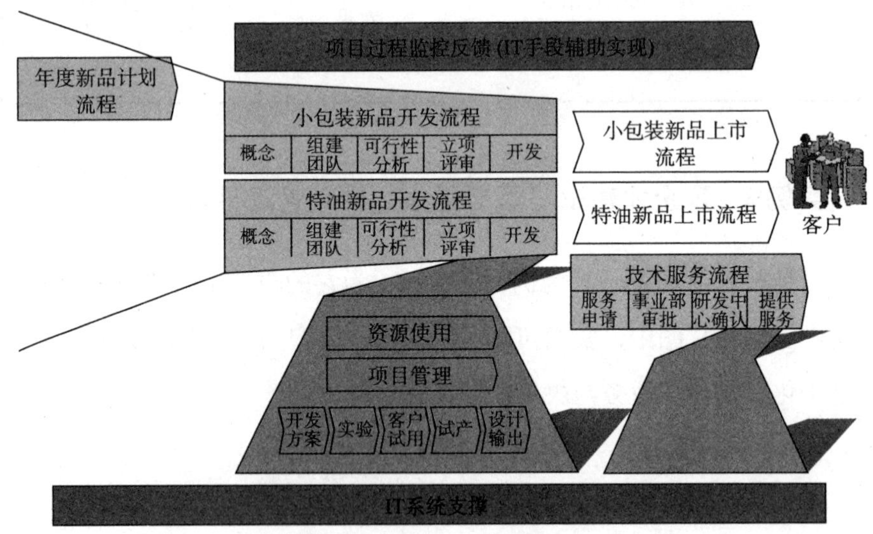

图 5－15　企业 F 的研发流程

那么，怎么用 IT 来支撑研发流程中的决策、研发流程中的会议呢？图 5－16 则是该企业 IT 应用的一个细节：对于流程中的会议，借助 IT 来定义会议周期、触发条件。

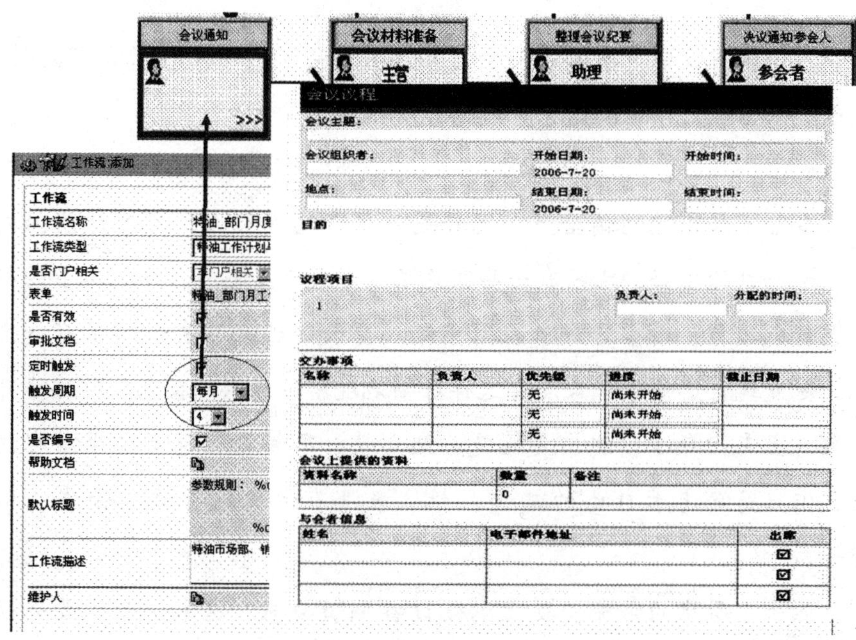

图 5－16　借助 IT 来定义会议周期、触发条件

5 自测题：请你给这家公司的会议困境帮帮忙

各位读者，以下案例是关于腾飞公司的会议困境，请您从“会议”的视角来分析，以帮助这家企业的经理。

夜幕不知不觉悄悄垂下，远处星罗棋布的高楼上，霓虹灯闪闪发光。十一月的上海，已经有一些寒意了。今天是星期五，路上不多的行人也行色匆匆，看来正急着往家里赶。吴云飞已经在窗前站了有一会儿，他发现自己似乎从来没有这样仔细地观察过浦东的夜色。他这才意识到来上海四年了，浦东变化是如此之快，尽管自己每天都生活在这里，但只是沉迷于自己的工作，却从来没有注意过身边悄悄发生的变化。

吴云飞所在的企业是腾飞电信设备制造公司，这家企业主要是研发、生产、销售无线通信的终端产品，如手机、对讲机等。回想起自己四年前刚从清华大学研究生毕业来到这家企业时，当时的腾飞公司还不叫这个名字，而是一家邮电部所属的电信研究院。当时自己也还是个义气勃发的毛头小伙子，凭着自己对科研工作的浓厚兴趣，吴云飞婉言谢绝了深圳一家民营企业的高薪邀请，义无反顾地来到了上海，从事自己喜爱的研发工作。

但是从1999年国家政府机构开始进行改革，国家各个部委所属的研究院所开始了企业化经营和运作。当时的上海设计院还是一个纯粹的国家设计研究院，大家已经习惯了原来的科研节奏，一切科研费用来自国家计划下拨，每项科研只要把科研计划写好，一切就等国家的拨款了。没有人真正关心这个项目是否能应用于生产，将来是否能有产品投入市场。自设计院转制初始之时，甚至直到现在所有的人对自己能否适应这种变化都没有做好足够的心理准备。

1999年的年底，设计研究院与上海的一家电信设备厂共同组成了一家企业公司，正式命名为腾飞公司，寓意着中国信息产业的腾飞。当时的工厂主要生产小型程控交换机，工厂的效益还不错。新的腾飞公司成立以后，公司决定利用原设计研究院的科研实力和强大的生产制造能力介入无线通信领域，开始生产无线对讲机。在2000年上半年，公司看到国内手机市场潜力巨大，开始利用自己的科研实力，在引进国外技术和设备的同时，开始生产手机。现在公司不仅建立了覆盖全国的产品销售网络，同时，还通过国外著名的手机制造商共同建立了联合实验室，进行手机的研发和开发工作。

在腾飞公司的发展过程中，吴云飞也凭借自己的学识与才干，从一名普通的研发人员晋升为腾飞公司的总经理助理，此外，现在吴云飞还利用业余时间在复旦大学攻读MBA学位。

“铃”的一声，电话铃响了起来，吴云飞皱了皱眉头，快步走到办公桌前拿起电话。

“小吴，今天下午的公司经营会议怎么样呀?”电话的另一端是公司总经理叶子逸的声音。叶子逸今年年初刚刚从北京调来当腾飞公司的董事长兼总经理，在刚刚调任过来时叶子逸的职务还只是个公司的副总经理，主要负责管理科研工作。

在今年十月，原来的老经理要退休了。在集团公司领导换届时，大家都以为公司的董事长肯定会是现在主管生产的副总经理李同明。因为李同明是腾飞公司元老之一，在腾飞集团公司被重组成立之前，他是电信设备厂的厂长，对生产的每一个方面都非常熟悉。但是上级任命的结果却出乎每个人的意外，任命叶子逸为腾飞集团公司的董事长兼总经理。这一点也出乎叶子逸的意料，他没有想到自己会这么快就成为这样一个拥有五六千人的大型集团的老总。

在叶子逸负责管理研发部门的时候，吴云飞是当时的研发部门经理，直接协助他开展工作。由于当时叶子逸刚刚来上海腾飞，吴云飞给予了他非常大的帮助和支持，同时他也发现吴云飞是一个非常踏实肯干的青年人，尽管刚刚三十出头，但是他稳健的工作作风、得体的工作方法一直很得他的赏识。

在叶子逸成为集团公司的第一把手后，他迅速把吴云飞提升为总经理助理，让他主管公司的日常经营，而自己可以腾出手来，着重研究公司下一步的发展战略和市场开拓工作。现在叶子逸正在北京出差，和合作伙伴商谈手机销售的渠道问题，因此，他安排吴云飞代他主持这一周的经营会议，现在他想知道公司的情况如何。

吴云飞接起电话，并没有马上回答，他回想起了下午在公司参加生产经营会议时的情景。

生产部经理刘明生在下午的会议上首先发言："我们现在的零部件采购计划已经报给采购部两周了，可是很多零部件到现在都没有到货。如果本周四还不能到货的话，我无法保证本月生产任务能及时完成。"

刘明生的话刚刚说完，销售部经理唐强就迫不及待地发言："这个月的订单一定要保证及时交货，这个客户是我们今年刚刚合作的伙伴，对我们公司未来的发展极为重要!"

采购部经理杜雪良无奈地说："我们上周才接到订单，我们一接到生产部的订单，就积极联系。但是现在国际市场上电子元件的供应极为紧张，很难说采购周期有多长。目前，我们正在采取措施，准备在国内企业订购一部分替代元器件，但是现在我还是无法给大家一个确切的时间表。”

生产部经理刘明生问道：“订单在两周前，我就报给财务部进行审批了，你们怎么刚刚收到呢?”

财务部经理王美云歉疚地回答说：“两周前，我一直在外地出差，上周回来后才批。”

人力资源经理陈志强这时说：“今天上午，研发部门的周彤向我提出辞职!”

“什么，他要辞职!”研发部经理秦军宁差点从椅子上跳起来，“如果他走了，现在的研发项目就要停顿下来，怎么会这样呢?”

陈志强补充道：“今天上午，周彤对我讲现在有一家外企正在准备用年薪 30 万元聘请他，他考虑了很久，觉得外面的机会更多一些。是呀，你们看看，我们这里的研发人员一年平均也就能拿到七八万元左右，外面的高工资的确对很多人有一些吸引力，我建议我们能否对研发人员给予一定幅度的加薪。”

没想到话音未落，公司的副总经理李同明就说话了：“现在不要开口闭口就要求提高待遇，你们自己也应该清楚现在研发人员的平均工资已经是整个公司人均工资的两倍了，在座的大部分人的工资恐怕都没有刚刚毕业两年的研发人员挣得多吧。我们公司现在不能像外面的跨国公司那样，动辄给二三十万元的年薪。而且我们公司现在研发人员工资结构也不合理，干活多的和干活少的都挣一样的钱，这种情况不改变，我看再怎么涨工资也没有用处。”

生产部经理说道：“现在的研发管理非常混乱，研发项目进展缓慢，问题很多，而且很多产品在投产后，还要不断更改设计。”

“我看现在最主要的问题还是科研体制的问题，我们现在虽然是研究院变成了公司，但是科研管理的体制还停留在过去的研究院，最关键还是改变公司的研发体制。”人力资源部经理陈志强说道。

研发部经理秦军宁叹了口气，说到：“大家说的都非常有道理，但是我们这种研究院式的研发体系存在几十年了，要真正改起来谈何容易呀！现在有很多事情都无法理顺，我们公司在今年年初就提出要将研发重点由传统的GSM手机转向CDMA手机的研发上来，但是现在已过去半年了，我们还是没有定下来。还有现在由于我们生产扩张非常快，研发人员经常被市场部的人员拉去参加各种市场推广活动，宣传产品特点，而且参加的这些人都是技术骨干，对我们的研发进度肯定会造成影响。此外，研发部门在申请研发设备购买时，一台测试仪表只有两千元，但是财务审批的过程要一个星期，我们的研发进度怎么能保证……”

会议开到最后已经演变成了一场论战，大家都在互相推诿和攻击，指责其他部门的工作。尽管会议由下午两点一直开到晚上八点多，但是依然什么结论也没有得出。吴云飞心情沉重地回到办公室，默默地站在窗前一直在想公司近来的状况。

“喂，小吴，你听到我的话了吗?”电话另一端传来叶总略带责备的声音。

“叶总，我听到了，只是下午开会时讨论的问题都比较尖锐，我一时不知从何说起……”吴云飞把下午的情况简要地给叶子逸说了说。最后，吴云飞谈了谈自己的想法：“叶总，我觉得现在公司的管理一直没有走上正轨，虽然我们集团公司成立已经一年多了，但是合并后两种不同的企业文化还在碰撞和磨合过程中，加之这两年一直处于扩张过程中，配套的各种管理制度也没有跟上，我觉得我们现在正处于一个十分重要的时刻，现在应该在企业内部进行一次管理改造。”

“小吴呀，你的想法非常好，我支持你！我最近要一直在北京谈判，可能要一个星期之后才能回去，我希望你能把负责企业日常经营的担子挑起来，要注意和李总搞好关系，多听听他的意见和想法，你能行的！”电话里叶子逸并没有给吴云飞明确的指示，也没有提出明确的方案。

吴云飞放下电话，又久久地陷入了沉思，他要好好想想自己从何处入手，采取什么措施来改善管理。

注：本案例中企业及人物为虚构，若有雷同纯属巧合。

两位人士对本案例的简要分析，供读者参考。

第一位，郭建荣先生（AMT Consulting 高级顾问）

腾飞公司已经采用了业务部门和职能部门经理一起召开经营会议的模式，这是一个很好的起点。从案例中，可以看出公司管理在 HR、产供销协调等方面存在突出的问题。解决这些问题，需要企业做出一次变革及之后的长期执行，这些都需要时间来改变。那么，短期来看，从哪些地方改进可以迅速见效呢？

从案例中，我们还可以看到，这次经营会议呈现出一个特点，一连串发言的焦点并不是指向同一处，生产、销售、采购和财务关心订单的协作问题，人事、研发关心人员去留、科研管理制也在这次会议上被讨论。这些议题并不属于同一个层面，也就是说同一个会议的议题是发散的，讨论也会变成发散的，这样的讨论很难就某个具体问题得出最终的结论，最终演变成“互相推诿和攻击，指责其他部门的工作”，会议效率极其低下。

对于腾飞公司来说，研发管理机制等问题需要一次变革，解决起来时间较长。短期内需要迅速见效的方案，可以先建立体系化的会议管理，在一个体系化的框架基础上，解决一个个实际的问题。比如，在业务层次的会议上，研究产供销环节在当月如何协调；在人事会议上，研究其他企业高薪吸引本公司人才的对策。

会议管理做到何种程度才能称为好的会议管理？我认为，概括起来，运行良好的会议管理体系有3个特征：

（1）会议组织有效率，包括会议安排的系统性、整合性和高层时间的利用效率。

（2）会议决策有效率，包括明确每次会议议题、会议目标及会议参与人角色和职责，提供对议题有针对性的支持信息。

（3）知识积累有效果，高层会议积累和沉淀企业经验，并添加到决策支持信息中。

如何让会议更高效？

要做到会议组织有效率，最重要的就是需要对不同的会议进行分类，明确各种会议之间的逻辑关系、会议时间和参与人，那么如何进行会议分类呢？从会议产生的动因来看：决策规律的不同，引发不同的管理会议类型。一家企业的思考决策和决定存在规律性，根据我们对许多企业实践的总结，主要有三类决策：时间触发型决策、流程触发型决策和事件触发型决策。

时间触发型的决策。举例来说，CEO每年或者每半年就要对当年战略执行效果进行评估，销售总监每月都需检视销售计划的达成情况，这样的决策形成固定周期的管理例会。

流程触发型的决策相对来说比较复杂，不同的企业，流程的特点也会有所不同。部分行业，例如服装行业，业务呈现出季节性的特点，此类的决策也有季节周期性。一般来说，企业的日常决策都有战略层和业务运营层两个方面。在战略层，战略一般从公司财年的中期开始，此时CEO和管理团队聚在一起开会，明确阐明公司的战略愿景，并重新调整战略规划，确定公司及各部门预算，对员工进行年度绩效评估。在业务运营层，市场、研发、采购、生产和销售等环节通常是常年需要做的。除了日常决策，企业还会启动若干大大小小的项目，项目立项审批、关键里程碑及项目验收也需要高层介入进行决策。因此，可以把流程触发型的决策分成三类：战略管理流程上的决策、业务运作流程上的决策和项目管理流程上的决策，这些决策引申出了战略会议、业务运作会议和项目管理会议这三类会议。

事件触发型决策是指当企业各业务负责人发现问题时，需要紧急进行决策，需要召集相关人员开会。在公共关系领域，有时某个新产品出现问题或者媒体披露不良影响的事件，这时需要开会决策用何种策略进行危机公关。

对于每一类决策，确定各类会议的先后逻辑和时间安排。需要重点注意的是，会议的时间有时会出现冲突，需要协调，这时要优先安排高层（CEO/CFO 及其他高管）的时间。会议的安排还会受到节假日等因素的影响，需要对时间进行调整。

让知识更好地沉淀。

高层会议的结果需要保留，做到知识的沉淀，形成企业经验的积累。会议体系中的知识积累工具主要有会议纪要和会议卡片等形式，每次开会结束，及时记录会议主要决议，并把会议相关信息填入会议卡片中，用于存档。会议卡片需要注明会议时间、地点、人员、议题、议题所需报告报表和会议待决事项跟踪记录等信息。

会议管理体系相当于一棵树的树干，而各种管理上的问题相当于树枝上的叶子，只有一个一个地去解决，才能丰满整棵树。对于腾飞公司的案例，应当在确立会议管理体系后，在会议体系的总体框架下讨论问题，逐个解决产供销协调、人事问题和研发管理机制等问题，逐步改善公司管理。可以说，经营和管理会议是企业发展的核心推动力，是公司管理的发动机。

第二位，莫琳女士（AMT Consulting 高级顾问）

这篇文章里出现了企业管理会议中很常见的两种通病：

（1）大家都在互相推诿和攻击，很少对自己职责范围内的工作做总结和检讨，都是在指责其他部门的工作。

（2）人人都在埋怨，对出现的问题很少思考和讨论如何改进及解决，更多的只是在强调情况的无奈和改变的难度。

于是，讨论变成了论战，时间白白浪费，问题提出来了又全都不了了之。

会议是企业管理中最重要的实现和执行方式之一。小到一个小组、一个部门，大到一个公司、一个集团，管理会议无处不在，而这些通病就像个摆脱不掉的幽灵，在大大小小的会议上烙下了它的烙印。吴云飞的困扰，更是千千万万企业管理人员的困扰。

通病一的对症下药：用数据说话，为会议提供企业经营管理报表的支撑。

通过建立配套的企业经营管理报表，能有效客观地反映企业整个价值链上各个环节的执行情况和各个部门的运作绩效，为会议提供数据支撑。这样，在企业管理会议上“用数据说话”，可以避免很多纠缠不清的互相推诿和攻击。

企业每天都在产生大量的操作层面的数据，来自企业日常工作的方方面面，如采购、销售、库存、财务等。各个层面的信息没有经过加工或者只经过简单加工，一般为直接统计汇总的工作清单和状态报告，产生的数量往往很大。操作层面的数据为操作提供着数据支撑，主要为业务人员和中层管理人员使用。

随着企业的发展、管理的完善对管理要求的提高，在此基础之上，应当建立一套企业管理报表：它需要能反应部门的绩效、部门的协作、价值链关键环节运作是否正常，以及对异常的发生提供预警。对于容易引起互相推诿现象的部门协作、接口环节，在明确流程设计和职责划定的基础上，将报表中的各项指标指派给对应价值链环节中相关要点的责任方。

这套企业管理报表属于监控层面的数据，为中高层管理者所用。通过数据的支撑，将大大提高企业对业务的管控能力：随时掌握企业各个方面的日常运作状况，对发生的问题能及时发现并依据数据快速做出分析和判断。

通过这样一套企业管理报表，在企业管理会议上，各部门通过报表来展示自己的工作和绩效，上级领导通过报表来审核和掌握各个部门、各个方面的运作情况；对于报表反映出来的异常，通过相关报表数据对问题进行分析，就能找出“是谁的问题？是什么问题？哪方面出了问题”从而可以有效降低会议上互相推诿和攻击的情况发生。

通病二对症下药：达成协议与解决问题的六步骤。

会议最重要的目的之一就是达成协议和解决问题，这一般要经历以下 6 个步骤，如图 5－17 所示：

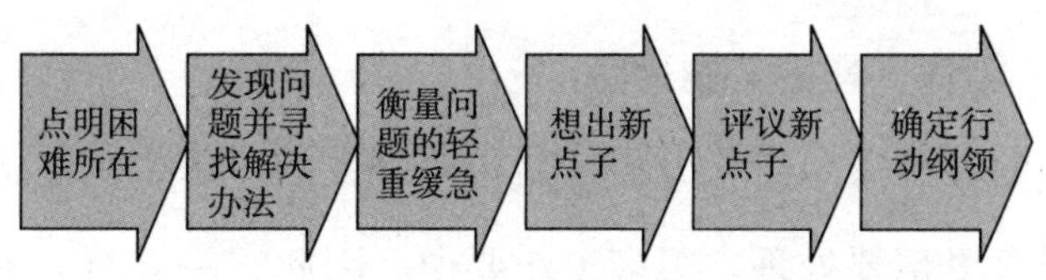

图 5－17　达成协议与解决问题的六个步骤

这需要会议主持人和与会者共同按着这 6 个步骤推进会议讨论的进度，最终实现协议的达成和问题的解决。

Step 1：点明困难所在。

要展开整个议程，首先必须把困难阐述清楚。“点明困难”本身来说比较容易完成，难在场面的控制：要避免对困难的抱怨一发不可收拾的情况，及时停止对解决难度的不断强调。

Step 2：发现问题并寻找解决方法。

人们不愿意面对问题有时原因很奇怪，如恐惧、幻想和不切实际的担忧。如果把这些顾虑摆出来，它们可能很快会在阳光下化为乌有。当与会者在某个问题的处理上逡巡不前时，主持人可以建议他们分析比较一下解决与不解决这个问题会出现最好、最差和最可能的结果。有时，经这样直接一问，大家就不会总是考虑可怕的后果，从而愿意努力解决问题。与不解决问题所可能出现的后果一比较，解决问题的好处就会很有说服力。

这个步骤要做的是感知问题、界定问题并分析问题：

◆ 感知问题：有什么问题？是什么问题？它确实是个问题吗？是谁的问题？

◆ 界定问题：这是对问题可能性的限定，即问题的范围。

◆ 分析问题：把问题分拆成各个部分，研究他们是怎么组合在一起的，努力更多地了解问题。

Step 3：衡量问题的轻重缓急。

对问题的轻重缓急进行分析，是很有必要的。每个企业总会有着很多问题、很多事情要处理、很多工作要做。因此，一方面，不阐明问题的重要性，无法引起足够的重视，不分析清楚情况的缓急，则很容易出现问题处理不及时；另一方面，同一时间出现了无法同时都处理的多个问题，也需要做这样的分析和排序。

Step 4：想出新点子。

这个步骤鼓励大家踊跃发言，关键就是要激发创造性而不急于下定断。“头脑风暴法”是这一阶段很有效的方法，其规则就是：让每个人尽可能地提出自己的主意，同时不允许对提出的主意进行批评或评估，除非这项工作结束。

Step 5：评议新点子。

经常发生的情况是，与会者不先寻找共同的评估标准，而直接对可选方案进行评估，这种做法对不太重要的决策是可行的。如果进行一个重要决策，要让大家列出每个可选方案的优缺点，这种方法可以保证每个方案的各个方面都能检查到。一开始不要担心出现互相评估的矛盾，把它们都记录下来，做完第一轮评估工作。有时，当所有的可选方案都用这个方法检查完时，一两个最合适的方案就会出现。

设立一个规则：每个人在对某个意见提出批评之前，必须先说出他对这个意见喜欢的方面，如“我喜欢的方面是……”而主持人要不断提醒并督促大家多说喜欢的方面，如“你对这个意见还有哪些喜欢的地方”，当大家被推着寻找某个方案的长处时，他们就会被迫打破定势思维而去思考别人的观点。同时，这样做还可以使提出该意见的人免受打击。提出批评意见的人在说了许多喜欢的方面后，再把不喜欢的方面作为忧虑说出来，“我对这个意见喜欢的方面是……但我的担心是……”

Step 6：确定行动纲领。

最后，就需要在主持人的主持下，以某种方式将行动纲领定下来：它可能是几项建议的聚合体，也可能直接采纳了某个建议；它可能是个立刻可以执行的方案，也可能还需要进一步考虑才能确定。完成这一步骤，问题也就讨论出解决方案或者已经取得了在当前的时间和情况下本次会议所能达成的最大成果了。

第六章
金字塔第三层：标准化的例会

“今天我们开个例会。”刘静眼光扫过在座的各位同事，虽然看到李标、欧阳、吴总都在微笑地鼓励她，多少还是有点不习惯，毕竟以前都是她的头儿主持会议，可今天更大的头儿都坐着当普通一员呢。

“我们这个会议梳理的专题项目已经覆盖到战略类会议、经营类会议，对一些例行的会议也开始进行梳理，不管是部门内的例会，还是部门间的例行会。”开场白讲着讲着，刘静的心情就自然放松下来。

“而我们今天也是个例会，是这个专题项目中的例会，我先公布会议主题：回顾分享这段时间做会议梳理的体会，至于为什么欧阳提议要在马勒别墅来开这个会，就是让大家畅谈、共享，进行头脑风暴。”

刘静回头指了一下背后专门从公司带来的白板说：“怎么样，会前功课都做了吧？这次例会的规则要注意什么，我就不老生常谈唱独角戏了，来，每人一摞报时帖，写好一页就把作业贴上来吧。”

不一会儿，白板上的黄色小纸条多了起来，如图 6 – 1 所示：

欧阳不由点头，大家都搜罗了不少头脑风暴例会的经验，看来今天

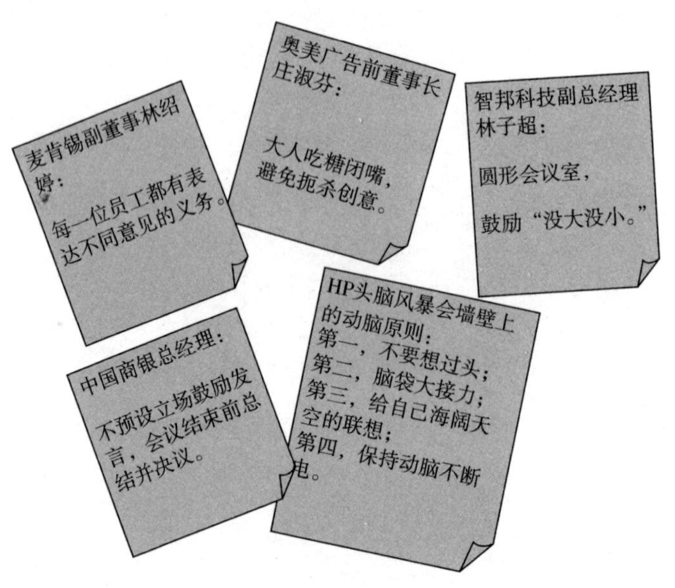

图 6-1 与会者搜集的头脑风暴会规则

这个会的规则已经有共识了。

“那么，就开始吧，我先谈谈这段时间梳理的感受。”刘静狡黠地一笑，“不过，我先讲个故事。”

看到听众们眼前一亮，她接着说：“我昨天哄我女儿睡觉，给她讲《爱丽丝梦境幻游记》。其中说爱丽丝这个小姑娘掉到兔子洞里迷路了，狡兔三窟，兔子洞里当然就有很多岔路口了。这个小姑娘站在岔路口，不知道该往哪里走。她看到岔路口蹲了一只兔子，就向兔子问路。这只兔子可是个哲学家，你猜它说什么？**它说，你走哪条路，取决于你要走向何方。”**

李标第一个明白过来，接道：“其实，我们花精力来整理会议体系，我觉得也是取决于我们是要做哪种企业：**是做时间触发的企业，还是事件触发的企业。”**

看这两个词“时间触发”和“事件触发”吸引了吴总的注意，李标一回身把这两个词写在黄色报时帖上，也粘在了白板上。

接着说：“**事件触发**在很多企业都存在，指每个人都在忙于完成领导临时布置的工作，所有的人都沉浸到具体事务中，人人都是拍脑袋决策，然后去紧踩脚后跟。表面看，好像是企业执行力很强，好像是每一个事件都高效解决了，但实际上，整个企业的运转是低效的。

“而**时间触发**，是力图把一个企业混乱的事务条例化，典型的例子是例会制度。各种战略会、经营会也是这样，按照计划、节拍来，所有人从浮躁、忙乱中沉淀下来，逐渐让企业从无序走向有序。大家注意到没有，一家时间触发的企业，很多工作是各位‘助理’根据规定来触发的，而不是各级‘老总’来触发。”

“当然，这个节拍不是死的。**‘时间触发’同时还包括‘条件触发’**，就是说，建立企业的预警机制，比如销量一旦降低 1%，就会触发一系列的处理程序。这个 1% 定的是否合适，这是企业经验、企业知识长期积累的结果。如果能逐步把企业的各种‘触发条件’找出来，并通过机制不断完善，企业会更加有序，可以很好驾驭‘变’与‘不变’之间的平衡。”

欧阳心想，李标这人就是搞报表搞多了，说话太书面化，不过，头脑风暴会就是不评论不否定，不妨自己来转个气氛吧。于是他说：“我也给大家讲个故事，说的也是李标讲的标准化、有序化的事情。说世界上收费最高的咨询顾问如何做咨询，企业愿意给他支付一天 100 万日元……”

“啊？折合是一天 7 万元人民币？”刘静不由脱口而出。

“对，这个人叫大前研一。比如，他给大众汽车做咨询，大众汽车的汽车销售队伍有 12000 人。而有的人一个月卖 9 辆车，有的人一台都卖不出去，大前研一说，我就是来问问为什么。他会拿着录音机，去跟踪那些销售明星，看他们跟客户怎么打招呼、怎么打电话而不会让客户觉得是骚扰，他也会去跟踪那些销售明星的经理，看他们是不是在管理上有什么诀窍。当然，他也会去全天观察那些一个月没销售的家伙。最后，他整理所有的经验、教训，形成一本《大众汽车销售实地工作标准》，让12000 人按照这个标准来做。大前研一说，这就是管理科学的力量。”

李标接过欧阳递来的一张黄色报时帖，帮他贴在靠自己近的白板上，那上面写了**“12000 人的标准”**几个字。一页页的黄色小纸条，好像一团团活跃的思绪火花，像有了魔力似的，彼此吸引着、簇拥着、激荡着，在白板上越贴越多，蔓延铺展开来。

就在这时，李标突然想起来什么，急忙说：“你提醒我了，我到沃尔玛超市买东西，他们的客户服务原则可不是什么大原则大口号，而是每个工作人员面对消费者，要做到**相隔三米，露出八颗牙。**

你看，把怎么微笑都能标准化到这个程度。还有 GE 公司，他们也强调标准，不过各项标准不是从高层来，而是推崇一种开放的企业文化，也就是群策群力，特别鼓励从基层提出改进、分享经验和教训，不断维护各项标准的持续改进。他们也用到我们这种黄色小纸条，放在 GE 的咖啡吧、办公室、会议室，随处就能拿到，结果很多问题就反映上来了，很多标准化的提议就涌现出来了，结果就推行、执行了。他们说是这种有魔力的黄色报时帖，促成了 GE‘让下级告诉老板怎么做事’。”

吴总不禁微笑起来，缓缓地泯口咖啡，也发了言：“标准化、条理化，然后时间触发，这一切的循环、一切的源泉，来自市场、来自基层、来自实践者。我的体会是，这段时间我们做的工作都是把企业做成百年老店的根本啊。我也给大家讲个故事，各位知道，我为什么喜欢马勒别墅（如图 6－2 所示），还把这个地方介绍给欧阳吗？”

在座的人，包括欧阳，都是一副不解的表情。

图 6－2　像童话城堡一样的马勒别墅

“马勒别墅，这座北欧挪威建筑风格的别墅，原是英籍富商马勒的私人住宅。马勒这个人 1919 年来到上海，以赛马为资本跻身于‘跑马夜总会’，两三年后坐上总会大班的交椅，继而经营航运和房地产生意，富甲沪上啊。

“马勒有个小女儿，马勒对她十分宠爱。当他得知女儿有一个梦想，是非常渴望拥有一幢犹如安徒生童话故事中城堡的时候，爱女心切的马勒为了实现女儿童话般的梦想，同时也是期盼自己的航运事业蒸蒸日上，很快就请来各方建筑师，根据童话故事中的描述，设计了这座用他的名字命名的私家花园住宅。这座别墅建于 1927 年，1936 年竣工，是一座有历史、快百年的老古董啊。”

“有梦想”、“有历史”、“百年老店”、“标准化才是百年大计”，欧阳等几个人，看着这几页黄颜色的报时帖，不由陷入了深思。

1　如何提高例会效率：六顶思考帽的技巧

的确，例会要开好，是需要一些技巧的，要避免出现不是在面红耳赤的争论中不欢而散，就是在口是心非的妥协之后不了了之的现象。

而 J. P. Morgan 国际投资银行的负责人说："六顶思考帽使我们的会议时间减少了 80%，同时改变了整个欧洲的企业文化。"那么，下面我们就来看看英国思维学家爱德华·德·波诺先生首创的一套完整的方法——六顶思考帽。

简单地说，六顶思考帽是一套思维的工具，既可以用于个人思维，也可用于团队沟通，让人"带上帽子、放下面子、留下脑子、贡献点子"。我们这里主要是谈后者，即团队中人和人之间的沟通。

一、为什么需要"六顶思考帽"：全面认识一个问题需要科学的方法

"盲人摸象"是一个众所周知的寓言故事，但值得深入探究。这些盲人之所以会存在着认识上的分歧，有两个明显的原因：

（1）因为他们是盲人，不能用眼睛看，如果能用眼睛一眼看出大象的样子，争论就不存在了。

对于这个原因，我们无能为力。这种情况就像我们不可能让人一下子看清所有问题一样。

（2）因为在位置固定的情况下，他们触摸的范围是有限的，不能通过触摸感知大象的完整形状。

对这个原因，我们却发现有明显可以改进的地方：是否可以让盲人

移动起来，换换位置？摸摸其他人摸过的地方？沿着大象的鼻子、牙齿、耳朵、腿……一直摸下去，不就可以了解大象的轮廓了吗？

一句话概括：因为大象太大而盲人的感知能力有限，大家在自己的位置上各有所感，各执己见，才会争成一片。这和我们讨论一个大家都无法全面了解的问题时的情况是一样的，沟通不顺畅、信息不全面的沟通环境，正像寓言中的几位盲人一样，只是管中窥豹，略见一斑。

到这里，问题似乎已经可以解决了。且慢！不要忘了，面对大象，我们都是盲人！大家只不过是偶然根据自己的站位摸到了大象的一部分，大家都没有摸到的部分怎么办？这样不就永远是未知了吗？

这实际上是一个如何才能全面地看大象的问题。全面地看大象很简单，有一个视力健全的人做指挥，大家遵循一定的步骤按顺序去摸大象的关键部位就可以了。如果把大象看成我们日常遇到的问题，这实际上是我们如何才能全面地认知事物的问题。

六顶思考帽正是爱德华·德·波诺先生提供给我们的一个通用的全面认识问题和分析问题的框架：六顶思考帽通过六种不同的角色扮演，激发人的想象力，提醒人们从不同的角度思考问题，形成全面看问题的思维框架。

◇ **白色思考帽**：中立而客观的白色，提醒人在讨论问题之前检查数字和事实。我们有什么信息？我们需要得到什么信息？

◇ **红色思考帽**：热烈的红色，提醒人在讨论中考虑人的感情因素，抒发情绪，表达感觉，利用直觉和预感。

◇ **黄色思考帽**：阳光、乐观的黄色，提醒人从正面思考问题，发现问题的价值点、利益和希望。

◇ **黑色思考帽**：严肃、阴沉的黑色，提醒人以谨慎的方式思考问题，发现潜在的风险、缺点，进行评估和判断。

◇ **绿色思考帽**：生机勃勃的绿色，提醒人努力产生创意和新的想法，提出创造性的建议和思路。

◇ **蓝色思考帽**：冷静的蓝色，提醒人控制讨论的过程，使用不同的思考帽达成讨论的目标。

到这里，我们发现从不同的角度思考问题似乎确实是一种可操作的方法。但有心的读者还会存在一个疑问：为什么是这六个角度，六顶帽子是否全面？

二、“六”顶帽子是否全面

工具是引导我们思考的，如果不够全面，就会造成遗漏，使我们不能深入地分析问题。这也是AMT咨询顾问常强调的“MECE原则”，即Mutually Exclusive（No overlaps）/Collectively Exhaustive（No gaps），意为“相互独立，完全穷尽”，不重叠、不遗漏——分解框架应该完全穷尽，相互独立。我们从日常经验入手来考察六顶帽子的全面性。

日常生活中，在与别人交流的时候，我们经常会面临讨论、说服、辩论的情况，而如何说服别人，有很多被我们挂在嘴边、耳熟能详的成语和俗语。最典型的莫过于下面的话：

◇“晓以利害”、“胡萝卜加大棒”。

◇“动之以情，晓之以理”。

◇“没有调查就没有发言权”、“事实胜于雄辩”。

……

“晓以利害”、“胡萝卜加大棒”说的是利害关系；“动之以情，晓之以理”说的是逻辑和感情都要关注；“没有调查就没有发言权”、“事实胜于雄辩”，说的是事实基础的重要性。

与六顶思考帽稍加对比，我们就可以发现：

（1）“晓之以理”、“晓以利害”、“胡萝卜加大棒”，说的就是六顶思考帽中的黄帽和黑帽思维。

（2）“动之以情”，则是说要使用红色思考帽。

（3）“没有调查就没有发言权”、“事实胜于雄辩”说的则是白色思考帽的重要作用。

逻辑、利弊、事实、感情，是大家公认的考虑问题最基本的几个角度，这正好与黄、黑、白和红四顶思考帽相对应。

我们认为这四顶帽子是最常规、最常见的思维角度，但还不见得全面。巧妙的是，爱德华·德·波诺先生用一顶绿色思考帽——创新思维的帽子，弥补了其他四顶帽子的不足，照顾到了其他四顶帽子可能考虑不到的角度。

最后，谁都不会否认，一个会议需要组织和控制，蓝色的帽子就应运而生了。于是我们就看到了六顶思考帽的关系全貌，如图6－3所示：

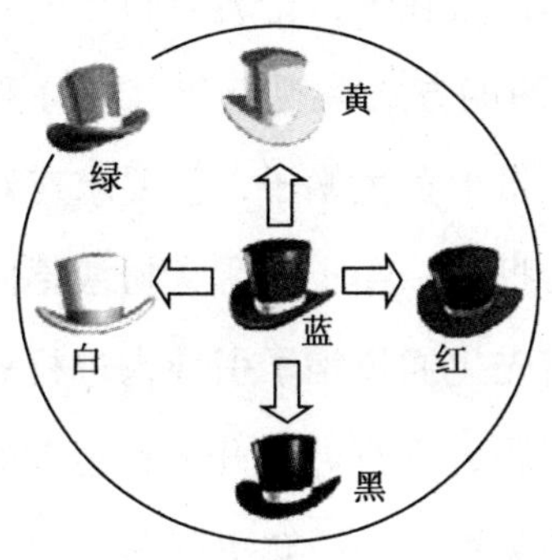

图6－3　六顶思考帽的关系

从分析的过程我们可以发现，无论是东方还是西方，人类的思维方式都是相通的，方法也是可以互相借鉴的。六顶思考帽的独特价值就在于将人类思考问题最基本的几种方式提取出来，引导人们有意识地去按照不同的模式进行思考。就像摸大象要沿着它的鼻子、象牙、耳朵、腿一直摸下去，看一个立方体要从上、下、左、右、前、后六个面看一样，我们可以从六个角度进行比较全面的思考。

三、为什么是六顶思考“帽”

至此，我们已经完全能够理解六种颜色的意思了，但为什么是六顶“帽子”呢？

六顶思考帽通过帽子引进了一种角色转换的方法，同时帽子容易戴上和摘下，使角色转换更加方便。

前面我们谈到引起盲人争论的两个原因，其实还有第三个原因，即：他们每个人都认为自己是对的，每个人都要维护自己的观点，批判别人的看法。这不仅涉及怎么看问题，还涉及每个人的心理感情因素。这在日常的会议中更加常见：争论一开始是争是非，后来变成了争面子、争口气，逐步将会议引向歧路。

这种争论产生的原因就在于讨论者将自己的观点和自我相结合，而“帽子”则通过角色扮演的方式将观点和自我分离开来：不管是谁的观点，不管你愿不愿意，带上黄色帽子，就要求对观点进行肯定，带上黑色帽子就要对观点进行批判，帽子提醒人扮演不同的角色。

爱德华·德·波诺先生通过帽子引导人进行思维角色的转换，不仅巧妙地解决了争论的问题，更有力提升了参会者的积极性，充分发挥每个人的能力，真正做到集思广益，解决问题。

四、六顶思考帽的好处

总结一下，六顶思考帽将人的思维分成了六种最典型的方式，用不同的颜色提醒人按照不同的方式进行思考，其好处在于：

（1）完备的分解。

在现实生活中，人由于自己的位置、观察问题的角度、个性感情因素、环境等方面的不同，容易从特定的、片面的角度看问题。而六顶思考帽提取了六种最典型的思维方式，正如从六个面看一个物体一样，人可以通过这六个角度比较全面、完整地观察事物、认识问题。

（2）将自我与角色分离。

在会议中，当事人往往将自己的观点和自我相结合，对自己和别人的观点怀有喜好或批评的感情因素。最典型的就是维护自己的观点，批评别人的观点，而发言人的日常身份和地位也会误导与会者对其观点的评价。六顶思考帽通过引入角色扮演的概念，将个人的自我身份与观点相分离。当一个人说出一种观点后，大家同时带上相同的帽子对观点进行评价，既可以深入地探讨，也可以避免冲突。因此可以说六顶思考帽是让人“带上帽子、放下面子、留下脑子、贡献点子”，积极促进与会者进行深入的思考。

（3）将讨论游戏化，使会议更趣味化、轻松化。

六顶思考帽减轻与会者的压力，使他们在轻松的氛围中放松大脑，使思考更敏锐、更深入。

（4）引导注意力，轻松进行思维方式的转换。

六顶思考帽使人们能够清醒地控制和引导思维，清醒地认识自己在用什么思维方式。在会议中，与会者要在不同的思维方式中对问题进行思考，六顶思考帽通过颜色、帽子的戴上和摘下提醒人进行思维角色的转换。这样可以轻松地引导大家的注意力，实现角色的转换。

（5）正面反馈、无对抗平行思维。

六顶帽子要求大家在同一时刻带上同样的帽子往同样的方向进行思考，这样就会形成一种“合力”。与会者之间互相激励，产生更多更好的想法，促进思考深入。

（6）使个人的思考无约束、更专注、更深入。

六顶思考帽让每个人专心扮演不同的思考者，在同一时刻不用考虑问题的多个方面，而是专注于一个方面进行思考，这样更有效率。

六顶思考帽作为一种沟通的工具可以用于会议沟通，但实际上它的用途并不限于会议沟通。对于个人而言，六顶思考帽也是一种非常有效的思维工具。广而言之，无论对一个团队还是个人来说，六顶思考帽都是一种不亚于甚至某些优势远胜于头脑风暴的创新思维工具。

2 标准化的例会：让企业稳定、可积累

面对例会所有人的第一个问题就是“有没有一种固定的模式，帮助我提高例会模式”。很抱歉，答案是“NO”。

虽然例会看上去有规律、比较呆板，但是不同的企业、不同的文化，例会的方法和模式都不尽相同。早期华为的例会更像军队例会，而万科的例会更像研讨会，但无论是什么样的例会都需要去思考以下问题：

◆ 对于周期性例会，业务运营中包含多少周期性的议题？每一个议题应当由哪些人来完成？会议的输入和输出是什么？

◆ 这类例行碰头会，什么情况有必要开，什么情况没有必要开？碰头会目的是什么，不应该是什么？碰头会应该遵守怎样的会议规范？

◆ 哪些因素将影响会议的合并、调整、取消？在协调各类会议的时候，会议合并、调整、取消的原则是什么？

其实能够真正想清楚以上三段问题，形成决议并不难，难的是如何去执行和坚持，让这个会议系统保持稳定。

畅销书《执行》其实谈的不是员工怎么做，而是说企业和企业家要如何创造一种执行的文化和环境，因此，企业的例会系统应该是系统的、相互联系的、相互监督的。例会开不好，例会不按照流程进行就可能导致运营会议无法开，运营会议开不下去，战略会议就是空中楼阁。当员工清楚地知道这里的逻辑关系和监督作用后，例会谁还敢溜号？

因此，我们在下文就给出一个实例，看看国内上市 W 公司的一套例会规定和具体表格。这套制度和表格使上述问题的答案形成一套系统，相互监督、相互促进。

3 案例：某上市公司 W 的 ERP 项目例会制度

一、会议原则

（1）会议必须要有主持人、联系人，主持人明确召集对象、会议主题、会议资料，由联系人负责会议通知和资料发放。

（2）会议要有明确的议题，切实做到通过会议交流解决实际问题。

（3）解决项目重大问题，要事先（至少提前 30 分钟）将会议议题和会议议程通知参加会议人员，并要求参会人员做充分准备。

（4）要充分鼓励开放文化，让列席的人充分发表自己的观点和意见。

（5）会议要形成决议，不开无结果的会，一时难成决议的可让到会人员进一步研究，下次会议再讨论和复议。

（6）会议决议确定时，依据项目组织原则，先民主后集中，不采用表决制。

（7）决议一旦明确，由会议确定执行人和完成时间，坚决执行，在执行中遇到问题要及时报告。

（8）会议要有专人记录，记好会议时间、地点、主持人、参加人员、会议进程、讨论情况、会议决议和决议执行人，决议执行后要跟踪执行情况。

（9）会务工作由会议纪要员负责签到、记录和整理会议材料。

（10）在会议进行过程中，会议纪要人员必须使用标准的会议纪要模板来做正式记录。每次的会议纪要文档必须在会后 12 小时内提交到 PKM（个人知识管理）或者 Mail 中共享给团队成员随时查阅。

二、会议议程

（1）由召集人报告应出席人数、实际出席人数。

（2）项目计划回顾。

（3）项目工作小组工作进度报告（当前进展描述）。

（4）项目当前存在风险列举（预测的问题）。

（5）上述风险解决方案和消除机制（全组讨论）。

（6）安排后续工作，明确期望完成日期。

（7）确定下次会议日期，散会。

三、会议分类

（一）阶段性例会

（1）输入文档：签到表、会议议程、阶段工作计划、项目进度报告、问题列表、历史记录。

（2）输出文档：会议纪要、更新的阶段计划、更新的问题列表。

（3）会议内容：

■ 本期工作总结及下期工作安排。

■ 重大问题决策讨论。

■ 问题及风险研究。

■ 下一步工作计划安排。

（4）出席人员：

■ 项目领导小组或其他高级管理人员、项目组负责人。

■ 与议题有关的中层干部（部门经理、分公司经理）、项目组成员。

（5）主持人：项目经理。

（6）周期：

■ 每半月一次或每周一次。

■ 周例会安排在每周四下午16：00～17：00举行。

（二）项目委员会办公会议（碰头会）

（1）输入文档：签到表、会议议程、项目进度报告、问题列表、历史记录。

（2）输出文档：会议纪要、更新的问题表、行动计划。

（3）会议内容：

■ 各部门本周项目进展及工作汇报。

■ 各部门下周工作安排、各部门间工作协调。

（4）出席人员：

■ 项目领导委员会成员（含项目领导小组）。

■ 公司各部门经理或分公司负责人。

（5）主持人：项目经理。

（6）周期：根据项目阶段需要进行。

（三）计划调度会

（1）输入文档：签到表、会议议程、阶段工作计划、项目进度报告。

（2）输出文档：会议纪要、更新的阶段计划。

（3）会议内容：各类计划制定、讨论、会审、批准、检查、变更及资源调度。

（4）出席人员：项目领导小组、各部部长、项目组成员。

（5）主持人：项目经理。

（6）周期：根据实际需要随时召开。

（四）审议（决策）会议

（1）输入文档：签到表、会议议程、需审议问题列表、初审文件、历史记录。

（2）输出文档：会议纪要、已签署或审议通过文件、决议草案等。

（3）会议内容：专设对项目重大事项决策进行审议。

（4）出席人员：项目领导委员会成员、项目领导小组、相关部门领导、项目组成员。

（5）主持人：项目经理。

（6）周期：根据实际需要随时召开。

（五）工作汇报会

（1）输入文档：签到表、会议议程、工作总结报告、阶段计划。

（2）输出文档：会议纪要、工作计划指导建议。

（3）内容：项目组向上级汇报指定内容。

（4）出席人员：项目委员会成员、项目领导小组成员、项目组相关成员。

（5）主持人：项目经理。

（6）周期：根据实际需要随时召开。

（六）鉴定、评审、论证会

（1）输入文档：签到表、会议议程、待鉴定或评审文件（方案）、历史记录。

（2）输出文档：会议纪要、鉴定或评审结果、决议文件等。

（3）内容：根据工作对象具体确定。

（4）出席人员：有关领导、项目领导小组、专家教授、项目组成员。

（5）主持人：项目经理。

（6）周期：根据实际需要不定期召开。

（七）专题、研讨会

（1）输入文档：签到表、会议议程、专题描述和问题表。

（2）输出文档：会议纪要、解决方案和结论文档。

（3）内容：就某一问题研讨，会后明确讨论结果。

（4）出席人员：根据项目需要通知有关人员和宣传小组成员。

（5）主持人：相关项目主管。

（6）周期：根据实际需要随时不定期召开。

（八）培训会

（1）输入文档：签到表、会议主题、专题描述。

（2）输出文档：会议纪要、培训满意度调查表、培训内容作业考试、考核表。

（3）内容：培训内容。

（4）出席人员：项目有关人员不固定。

（5）主持人：根据培训主题确定。

（6）周期：根据项目需要展开。

四、会议流程

会议流程如图 6-4 所示。

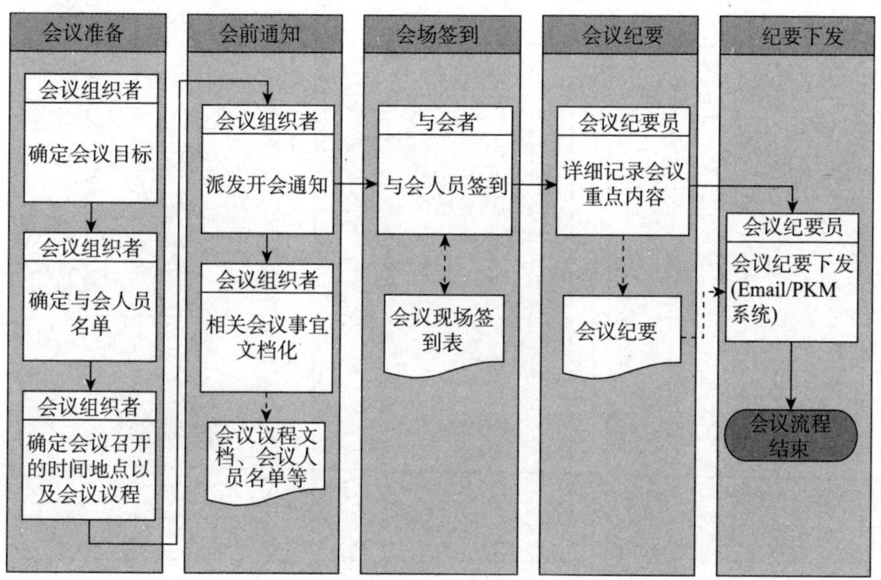

图 6-4　会议流程

五、会议变更流程

会议变更流程如图 6-5 所示。

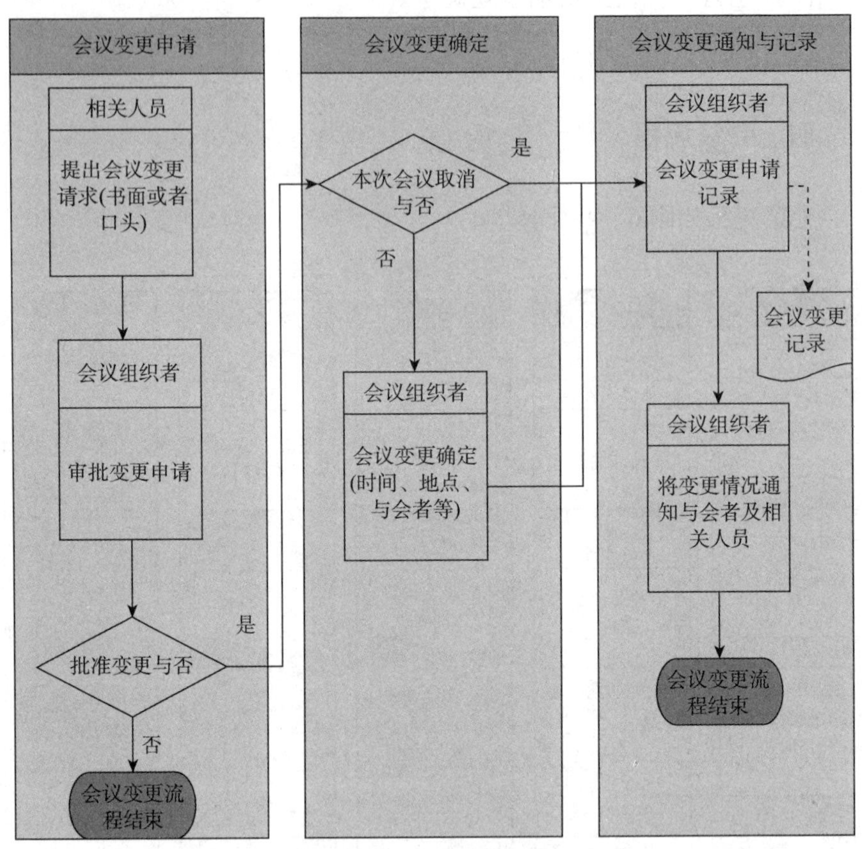

图 6－5　会议变更流程

六、表格模板

表格模板包括会议纪要、会议签到表、会议通知、周工作计划和文档分发表等，具体如表 6－1、表 6－2、表 6－3、表 6－4 和表 6－5 所示。

表 6－1　会议纪要

<table>
<tr><td colspan="4" rowspan="3">会议纪要</td><td>日期：</td></tr>
<tr><td>时间：</td></tr>
<tr><td>地点：</td></tr>
<tr><td>会议名称：</td><td colspan="4"></td></tr>
<tr><td>会议类型：</td><td colspan="4">周例会、头脑风暴会、自由交流</td></tr>
<tr><td>主持人：</td><td colspan="2"></td><td>会议纪要人：</td><td></td></tr>
<tr><td>联系人：</td><td colspan="2"></td><td>联系电话：</td><td></td></tr>
<tr><td>出席人员：</td><td colspan="4"></td></tr>
<tr><td>列席人员：</td><td colspan="4"></td></tr>
<tr><td>缺席人员：</td><td colspan="4"></td></tr>
<tr><td>纪要接收人：</td><td colspan="4"></td></tr>
<tr><td colspan="5">会议内容</td></tr>
<tr><td>编号</td><td>发言人</td><td colspan="3">内容</td></tr>
<tr><td>1</td><td></td><td colspan="3"></td></tr>
<tr><td>2</td><td></td><td colspan="3"></td></tr>
<tr><td>3</td><td></td><td colspan="3"></td></tr>
<tr><td>4</td><td></td><td colspan="3"></td></tr>
<tr><td colspan="5">形成的决议</td></tr>
<tr><td>编号</td><td colspan="2">决议内容</td><td>责任人</td><td>完成时间</td></tr>
<tr><td>1.</td><td colspan="2"></td><td></td><td></td></tr>
<tr><td>2.</td><td colspan="2"></td><td></td><td></td></tr>
<tr><td>3.</td><td colspan="2"></td><td></td><td></td></tr>
<tr><td colspan="5">备注：</td></tr>
</table>

表 6－2　会议通知

<table>
<tr><td colspan="3" rowspan="3">会议通知</td><td>日期：</td></tr>
<tr><td>时间：</td></tr>
<tr><td>地点：</td></tr>
<tr><td>会议主题：</td><td colspan="3"></td></tr>
<tr><td>会议目的：</td><td colspan="3">1. 目标 1
2. 目标 2
3. 目标 3
4. 目标 4</td></tr>
<tr><td>会议类型：</td><td colspan="3">周例会、头脑风暴会、自由交流</td></tr>
<tr><td>主持人：</td><td></td><td>会议纪要人：</td><td></td></tr>
<tr><td>联系人：</td><td></td><td>联系电话：</td><td></td></tr>
<tr><td>参加人员：</td><td colspan="3"></td></tr>
<tr><td>会议准备：</td><td colspan="3"></td></tr>
<tr><td></td><td colspan="3">1.</td></tr>
<tr><td></td><td colspan="3">2.</td></tr>
<tr><td></td><td colspan="3">3.</td></tr>
<tr><td>会议日程：</td><td colspan="3"></td></tr>
<tr><td></td><td colspan="3"></td></tr>
</table>

表 6-3　会议签到表

<table>
<tr><td colspan="3" rowspan="3">会议签到表</td><td colspan="3">日期：</td></tr>
<tr><td colspan="3">时间：</td></tr>
<tr><td colspan="3">地点：</td></tr>
<tr><td>会议主题</td><td colspan="5"></td></tr>
<tr><th>应到人员</th><th>实到签名</th><th>时间</th><th>应到人员</th><th>实到签名</th><th>时间</th></tr>
<tr><td></td><td></td><td></td><td></td><td></td><td></td></tr>
<tr><td></td><td></td><td></td><td></td><td></td><td></td></tr>
<tr><td></td><td></td><td></td><td></td><td></td><td></td></tr>
<tr><td></td><td></td><td></td><td></td><td></td><td></td></tr>
<tr><td></td><td></td><td></td><td></td><td></td><td></td></tr>
<tr><td></td><td></td><td></td><td></td><td></td><td></td></tr>
<tr><td></td><td></td><td></td><td></td><td></td><td></td></tr>
<tr><td></td><td></td><td></td><td></td><td></td><td></td></tr>
<tr><td></td><td></td><td></td><td></td><td></td><td></td></tr>
<tr><td></td><td></td><td></td><td></td><td></td><td></td></tr>
</table>

表 6-4　项目第 X 周工作计划

文档编码：　　编写日期：　　起止日期：　　至　　编写人员：

01							

续表

说明								

表 6－5　文档分发表

文档名称：　　　文档编号：　　　分发时间：　　　分发人员：

序号	姓名	分发对象类型
		项目指导委员会
		项目组
		功能小组

第七章
会议工具助手，让“会”更轻松

走进欧阳办公室的艾小莉、李标、刘静等人，各个疲惫不堪，最近为了筹备经销商大会，已经连续加班几周了。

每年一次的经销商大会是公司最重要的会议之一，承载了公司经营的重要使命：

1. 通过经销商大会，表彰年度业绩突出的经销商，激励经销商在未来的一年争相创造佳绩；通过介绍公司年度经营亮点，营销使命和目标，让与会经销商对未来发展充满信心。

2. 让经销商充分领会公司营销模式创新及各项发展策略和模式，积极配合公司营销战略落地。

3. 通过最佳实践交流和专业培训，让经销商认识到与标杆之间的差距，增强发展意愿；让经销商学习到成功模式和经验，提升自身的市场开发、经营管理和系统运营的能力，从而提升业绩。

4. 增强经销商的归属感、身份感、自豪感，从而转化为当年的实际行动。

因此，每次经销商会议，公司都设立了专门的项目组来负责组织和统筹，由欧阳亲自担任组长，营销部门集体上阵。“这是公司最大的一场营销战役，因此一定要打个漂亮仗。”吴总在公司会议上对欧阳提出了明确要求，欧阳也进行了明确的工作部署，并每周召开一次项目例会来讨论进展和问题。

“我们之前梳理的《年度经销商大会标准化手册》还是起到了一定的帮助作用。”艾小莉说。之前她组织大家花了 1 个多月的时间，根据往年经验和资料，对经销商大会的整个流程进行了标准化的梳理，形成了 5 个阶段 22 类工作项，如图 7 -1 所示，并详细备注了每个活动项需要完成的工作内容、参考模板，以及需要规避的问题风险等。艾小莉补充道：“这样使我们的组织工作不至于像往年一样忙乱，或者犯一些遗漏重要事项之类的低级错误。”

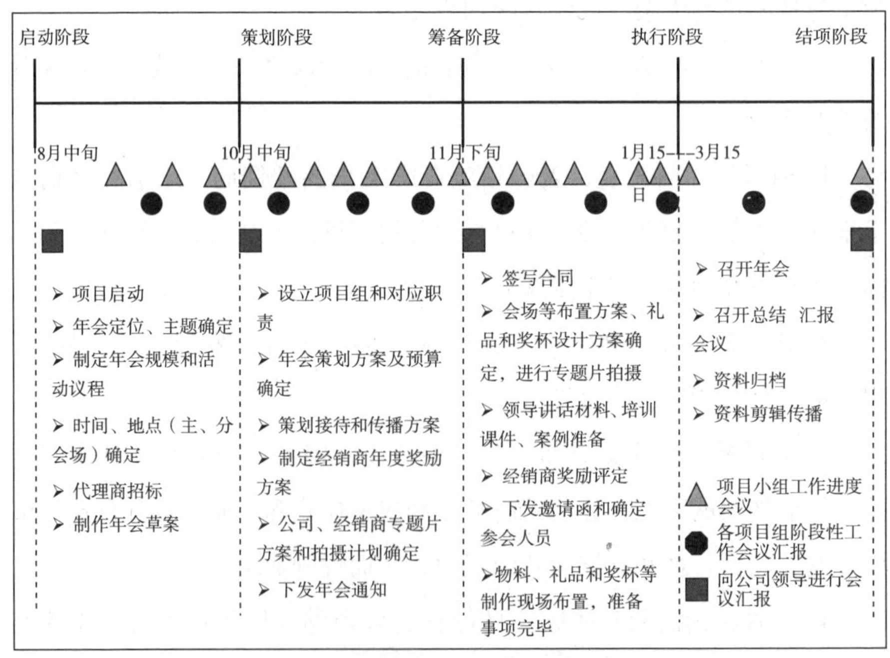

图 7 -1　经销商大会标准化流程及活动分解

现在，会议已经进入到筹备阶段了。李标被分配到负责参会人员通知和确定，虽然策划阶段已经对参会规模和参会人员名单范围进行了确定，但是具体到执行层面，如何准确地确定具体的参会人员信息，如何把场地信息、会议时间、会议议程安排等信息准确及时通知到每一位参会者却是挺考验人的一件事情。“我现在每天与各销售大区确定参会者名单，但是参会人员信息经常发生变动，因此参会名单还是没法最后定稿。”李标很沮丧地说。

“参会名单很重要呀，现场签到以及会后的调查统计都要以这个为基础的。”刘静着急地说。她对于去年现场混乱的签到场景还记忆犹新，签到台前排了好长的队，有的人拿着签到表找不到自己的名字，不断有人询问会场的信息……刘静记得那天一整天头都是晕的，真是往事不堪回首，每年这一场营销战役下来，大家都是人仰马翻。

叮！欧阳的手机响了一下，手机屏幕上跳出一条短信提示，是某个合作伙伴的一个会议邀请，很贴心地给出了会议时间、地点、路线和天气变化等各种注意事项。欧阳灵机一动，现在智能手机的应用使大家的工作方式、社交方式都发生了很大的转变，有没有一款好用的会议支持工具，对于会议组织者，可以帮助简化会议的执行工作，对于参会者，提升参会体验和改善参会者满意度？

欧阳把自己的想法说出来，马上得到李标的响应，“我上次听一个朋友说过有一个数字会务工具，除了电子签单，还可以现场调查、微信墙互动，很新潮的，我会后马上去了解下。”李标一改刚才的沮丧表情，仿佛找到了新的曙光，“对的，现在已经进入移动互联时代了，我们也不能做老传统了……”

1　从传统会议到数字会议

欧阳他们遇到的问题，相信很多企业在会议管理中都遇到过。随着IT技术的发展，一方面，电话会议、视频会议以及各类即时通讯工具使得组织各类小型会议更为方便和实时；另一方面，一些研讨会、培训交流会、客户大会或者市场宣传会等之类的大型会议，为了更好地进行战略目标传递、品牌或产品宣传，就要求会议组织者营造良好的会议氛围，提升参会者的互动体验，提升组织的凝聚力，这将成为他们的新命题。而当会议人数超过 50 人以上时，会议组织工作将是一项繁重的工作。

一、传统会议流程

（一）会议前

- 会议组织部门发布会议通知，各部门反馈参会者信息至会议组织者。
- 定期与各部门核对报名参会人员数据，或者挨个打电话确认，直到会议前一刻确定最终参会人员。
- 提前印刷一批会议资料，遇到会议资料内容临时更新，无法随时更改会议资料。

（二）会议中

- 现场人员准备参会人员的 Excel 名单，分首字母、姓氏排列，参会人员签字签到。

- 超过100人以上的活动，签到参会人员排队，签到数据容易出错，体验很差。
- 无法查看实时签到人数，对会议进程无法准确控制。
- 会场内，台上台下缺乏互动，会议内容枯燥死板。
- 发放纸质调查问卷，回收不及时，或信息填写不准确。

(三) 会议后

- 统计所有参会人员签到数据，手动整理表格。
- 回收调查问卷，整理问卷答案，做成数据表单。

二、数字化会议

(一) 运用移动化工具，提高会议组织效率，提升和用户的沟通互动水平

使用数字会务工具贯穿会议全程，会前通过软件创建会议网站，用手机扫一扫二维码，就可以用微信发送给需要参会的人员，参会者可以通过注册页面来参会注册、报名，甚至包括有些需要自行承担费用的会议的缴费管理。报名后会通过会议系统发送参会通知、电子票等，当用户手持电子票来到现场的时候，用手机APP扫描二维码完成电子签到，实现了在线到现场的闭环流程。

(二) 体验为王，运用移动互联网提升参会人员体验

在整个会议过程中来实现参会者的满意：包括会前的通知提醒工作，会议中期的组织服务工作，会后的信息反馈工作等，并从中发现不同阶段的关键制约因素，并加以控制以提高会议满意度水平，提升参与者的体验。

移动互联网时代，手机已经成为身体的一部分，在会场上可以充分

利用手机的各种特性为参会人提高体验。

（三）数据收集实时化，加快了会议服务的改进循环

通过有效地数据收集、整理、汇总和统计生成活跃度统计、注册统计、会场签到、互动墙发言活跃度、投票参与、调查和反馈表等，对于会议组织者快速反应、持续改进具有非常重要的作用。更加有利于了解参会者的动态、需求，在会前、中、后做出及时反应，提高参会者的满意度，更有效地达成会议的商业目标。

2 案例：GE 内部数字会务管理实例

GE 中国事业部为了快速提升本地业务能力、专业知识，增加在中国的竞争力，安排了一系列的会议、培训、集训计划，针对每次会议、培训，设立专门的会议组织部门来策划筹办。

GE 中国事业部的会议组织者需要经常考虑如何快速精准地下发会议通知？如何高效收集参会人员名单？如何组织会议签到，确保短时间、高效地签到入场？如何在会场内增强互动感？如何做好会后总结？如何快速统计每场会议各团队的出席人数？为此他们引入 31 会议网的数字会务管理工具。

我们以 4 月初的季度会议来介绍下数字会务流程。会议时间确定在 4 月中旬，为期 3 天，预计参会人数在 150 人左右。

会前报名：GE 会务组在 31 会议网后台创建一个会议报名页面，通过移动端，以二维码的形式分享给全部门同事，告知会议报名一律走微报名页面，最终参会资格审核以网站后台收集的报名数据为准。

会中现场管理：会议报名截止后，GE 会务组在后台生成个人专属二维码并发送给每一位参会员工，在会议签到处，直接通过装有签到软件的 ipad 对参会员工出示的二维码进行扫描（1 秒/个），比对后台原有数据，完成签到。彻底放弃纸质 Excel 表格，查找姓名的手写签到方式，大大缩短会议签到时间。

会中场内互动：GE 原先的会场内，死气沉沉。台上领导努力发言，台下昏昏欲睡，完全单向信息灌输，台上台下缺乏互动。本次会议启用了微信互动墙，参会的员工在自己手机端发表提问，发表会议感想，并实时同步到现场的大屏幕上，有效增强会场互动性，让台上台下的距离更贴近了。

会后数字分析：会议结束后，GE 会务组就把所有的报名数据，签到数据从系统后台生成报表，跟团队负责人比对所有员工的参会记录，并分析数据。

会前、会中、会后（智能短信通知系统）：GE 会务组通过短信通知系统，会前定期给报名同事发送会议通知和提醒，会中的临时通知 5 分钟之内发送到所有参会人员的手机，会后通过短信对所有参会同事表示感谢，让会议信息传递更加及时高效。

通过引入数字会议工具，使原有会务组织工作量节省了至少 2/3。

3 移动技术在会议不同阶段的应用

会前策划——会中执行——会后总结收尾，数字化会议管理工具可以提供全流程帮助，提高流程效率，提升参会体验。

一、会前阶段

会前阶段主要是会议通知和参会人报名。通过统一的会议页面发布会议通知和在线报名，替代了传统的邮件发送，手工汇总，还可方便登记参会人的交通、住宿等个性化信息。

如有需要，还可提前调查参会对象对会议的期望和需求，包括举办地点、日程安排等，让会议组织者及时了解到，并提供针对性的服务，可以让参会人享受到个性化的服务。

对于稍微复杂的一些会议，譬如中层管理干部会议、经销商大会等，就会涉及到会议主题、议题、议程、会议对象、规格、规模、会议的起讫时间，会期和日程安排、地点、配套活动以及辅助的日程安排，如参观、游览、聚餐等的协调和沟通。可以通过集成的短信和邮件工具，为参会人提供个性化的会议通知，可实现实时对每个人的不同安排、不同情况做个性化信息推送。

二、现场签到

大会现场来宾众多，可以采用电子签到提高签到效率。电子签到高效便捷，签到方式多式多样，可以用手机号、二维码、身份证等信息签到，也可以采用采用 RFID（ 无线射频识别）签到系统，均可实现无停留、无纸化签到，参会人员只需持证通过感应区域，系统就能自动识别、自动统计，即时清点到会人数，改变了过去传统的人工签到方式，既省力省时，又体现了服务的真谛。两种签到方式的对比，如表7－1所示。

表7－1　传统签到与电子签到的对比表

传统签到方式	电子签到方式
现场混乱	不用排队，体验极佳
数据不准确	数据精准、实时
分析报告迟缓	实时
到达率统计不及时	实时
人工	工具，实时

三、场内互动

以往的参会者在会议议程中的参与方式比较单一，举手表决、传递纸条、话筒提问，或者填写纸质的反馈表，个别会用一些专业的投票器，总体上还是较为繁琐、不方便且响应延迟。如果灵活运用手机相关应用就可以比较便利地让参会者参与进来，通常有投票、抽奖、提问、图文讨论、抢答、摇一摇等方式。无论是哪一种互动形式，都可以让所有参会者参与其中，并获得实时反馈，提高用户的参与感。

投票：通过分发一个投票的二维码，参会者拿起手机扫码就可以进入投票页面。在线投票系统可以在很短的时间内，将不同时间的用户投票组合到一起，并进行结果反馈。在线投票系统可以用来统计参会者对某个主题、方案的意见，组织方还可以通过在线投票系统的结果反馈改进自己的方案。会议举办者也可以通过在线投票系统来调查参会者对会议的意见，然后根据系统自动统计生成的多维度报告，从而更准确地评估会议效果，进而依据统计报告做出更恰当的会议安排。

问卷调查：如果需要复杂的会前需求调研，或者会后的用户反馈，就可以采用问卷调查。在 PC 端创建问卷后，通过二维码、邮件或者短信发送链接的方式进行传播，现在最流行的是通过微信朋友圈、微博或者 qq 空间等社交媒体发布和传播。如果是针对特定参会人员的，则可以基于名单推送邮件和短信，通过独立链接的方式将问卷调查的链接嵌入要发布的短信内，能快速提醒特定的用户填写问卷，更有效率。如果有会议 app 或者微信公众账号，可将问卷调查的链接嵌入用户的 app 或者微信公众帐号内的自定义菜单中。

抽奖和摇一摇：如何避免活动现场气氛太沉闷，可以尝试运用摇一摇等运用，用来活跃现场气氛。

四、会后统计

有了数字化会议系统的支持，关于到会率、迟到情况、会议满意度等的统计变得非常轻松。

对于面向外部客户的市场大会，更是可以从会前、会中、会后的用户行为中进行数据分析，以提升营销效果。譬如，我们可以从报名渠道分析用户来源和用户接受信息的习惯；从不同主题会议的用户数量来判断不同主题会议的受欢迎程度；从场内活跃程度可以看到大家的关注兴趣点等。

如何通过数字化工具和大数据分析，实现更技术范的精准营销，我们将在另一本书中进行阐述，此处不再展开。

博瑞森图书分类导读图 + 书目

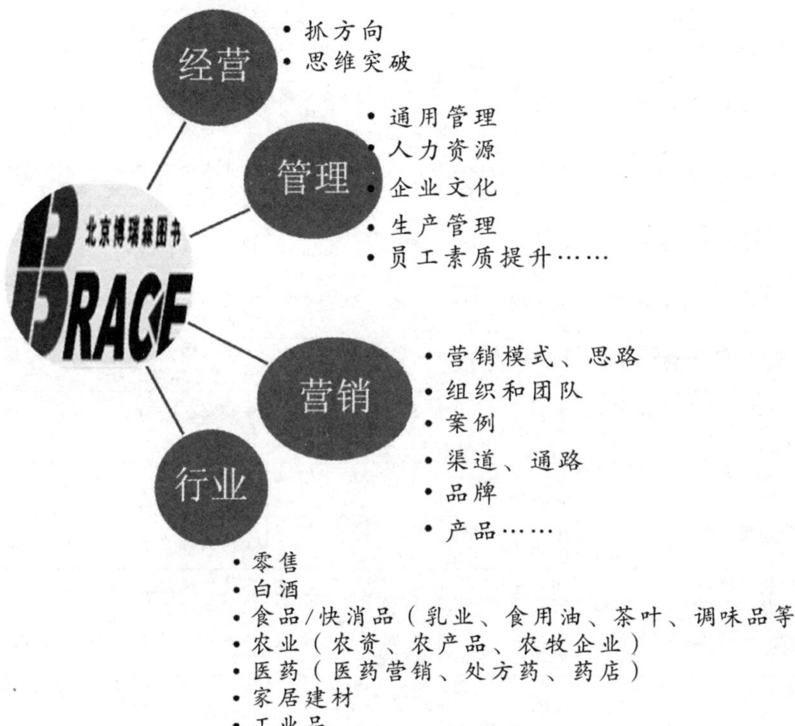

更多实战好书，请关注“**博瑞森管理图书网**”

BRACE http://www.bracebook.com.cn

（网站二维码）

行业类：零售、白酒、食品/快消品、农业、医药、建材家居

	书名．作者	内容/特色	读者价值
零售·餐饮	涨价也能卖到翻 村松达夫 【日】	提升客单价的 15 种实用、有效的方法	日本企业在这方面非常值得学习和借鉴
	1. 总部有多强大，门店就能走多远 2. 超市卖场定价策略与品类管理 3. 连锁零售企业招聘与培训破解之道 4. 中国首家未来超市：解密安徽乐城 IBMG 国际商业管理集团 著	国内外标杆企业的经验 + 本土实践量化数据 + 操作步骤、方法	通俗易懂，行业经验丰富，宝贵的行业量化数据，关键思路和步骤
	零售：把客流变成购买力 丁 昀 著	如何通过不断升级产品和体验式服务来经营客流	如何进行体验营销，国外的好经营，这方面有启发
	餐饮企业经营策略第一书 吴 坚 著	分别从产品、顾客、市场、盈利模式等几个方面，对现阶段餐饮企业的发展提出策略和思路	第一本专业的、高端的餐饮企业经营指导书
白酒	变局下的白酒企业重构 杨永华 郭 旭 著	帮助白酒企业从产业视角看清趋势，找准位置，实现弯道超车的书	行业内企业要减少 90%，自己在什么位置，怎么做，都清楚了
	1. 白酒营销的第一本书 2. 白酒经销商的第一本书 唐江华 著	华泽集团湖南开口笑公司品牌部长，擅长酒类新品推广、新市场拓展	扎根一线，实战
	区域型白酒企业营销必胜法则 朱志明 著	为区域型白酒企业提供 35 条必胜法则，在竞争中赢销的葵花宝典	丰富的一线经验和深厚积累，实操实用
	10 步成功运作白酒区域市场 朱志明 著	白酒区域操盘者必备，掌握区域市场运作的战略、战术、兵法	在区域市场的攻伐防守中运筹帷幄，立于不败之地
	酒业转型大时代：微酒精选 2014－2015 微酒 主编	本书分为五个部分：当年大事件、那些酒业营销工具、微酒独立策划、业内大调查和十大经典案例	了解行业新动态、新观点，学习营销方法
快消品·食品	乳业营销第一书 侯军伟 著	对区域乳品企业生存发展关键性问题的梳理	唯一的区域乳业营销书，区域乳品企业一定要看
	食用油营销第一书 余 盛 著	10 多年油脂企业工作经验，从行业到具体实操	食用油行业第一书，当之无愧
	中国茶叶营销第一书 柏 龑 著	如何跳出茶行业“大文化小产业”的困境，作者给出了自己的观察和思考	不是传统做茶的思路，而是现在商业做茶的思路
	变局下的快消品营销实战策略 杨永华 著	通胀了，成本增加，如何从被动应战变成主动的“系统战”	作者对快消品行业非常熟悉、非常实战
	调味品营销第一书 陈小龙 著	国内唯一一本调味品营销的书	唯一的调味品营销的书，调味品的从业者一定要看
	快消品营销：一位销售经理的工作心得 2 蒋 军 著	快消品、食品饮料营销的经验之谈，重点突出	来源于实战的精华总结
	快消品营销与渠道管理 谭长春 著	将快消品标杆企业渠道管理的经验和方法分享出来	可口可乐、华润的一些具体的渠道管理经验，实战
	成为优秀的快消品区域经理 伯建新 著	37 个“怎么办”分析区域经理的工作关键点	可以作为区域经理的‘速成催化器’
	销售轨迹：一位快消品营销总监的拼搏之路 秦国伟 著	本书讲述了一个普通销售员打拼成为跨国企业营销总监的真实奋斗历程	激励人心，给广大销售员以力量和鼓舞
	快消品经销商如何快速做大 杨永华 著	本书完全从实战的角度，评述现象，解析误区，揭示原理，传授方法	为转型期的经销商提供了解决思路，指出了发展方向
	快消品营销人的第一本书：从入门到精通 刘 雷 伯建新 著	快消行业必读书，从入门到专业	深入细致，易学易懂
农业	农资营销实战全指导 张 博 著	农资如何向“深度营销”转型，从理论到实践进行系统剖析，经验资深	朴实、使用！不可多得的农资营销实战指导
	农产品营销第一书 胡浪球 著	从农业企业战略到市场开拓、营销、品牌、模式等	来源于实践中的思考，有启发
	变局下的农牧企业 9 大成长策略 彭志雄 著	食品安全、纵向延伸、横向联合、品牌建设……	唯一的农牧企业经营实操的书，农牧企业一定要看

续表

医药	**新医改下医药营销与团队管理** 史立臣　著	探讨新医改对医药行业的系列影响和医药团队管理	帮助理清思路，有一个框架
	医药营销与处方药学术推广 马宝琳　著	如何用医学策划把"平民产品"变成"明星产品"	有真货、讲真话的作者，堪称处方药营销的经典！
	新医改了，药店就要这样开 尚　锋　著	药店经营、管理、营销全攻略	有很强的实战性和可操作性
	OTC 医药代表药店开发与维护 鄢圣安　著	要做到一名专业的医药代表，需要做什么、准备什么、知识储备、操作技巧等	医药代表药店拜访的指导手册，手把手教你快速上手
建材家居	**建材家居营销实务** 程绍珊　杨鸿贵　主编	价值营销运用到建材家居，每一步都让客户增值	有自己的系统、实战
	建材家居门店销量提升 贾同领　著	店面选址、广告投放、推广助销、空间布局、生动展示、店面运营等	门店销量提升是一个系统工程，非常系统、实战
	10 步成为最棒的建材家居门店店长 徐伟泽　著	实际方法易学易用，让员工能够迅速成长，成为独当一面的好店长	只要坚持这样干，一定能成为好店长
	手把手帮建材家居导购业绩倍增：成为顶尖的门店店员 熊亚柱　著	生动的表现形式，让普通人也能成为优秀的导购员，让门店业绩长红	读着有趣，用着简单，一本在手、业绩无忧
工业品	**解决方案营销实战案例** 刘祖轲　著	用 10 个真案例讲明白什么是工业品的解决方案式营销，实战、实用	有干货、真正操作过的才能写得出来
	变局下的工业品企业 7 大机遇 叶敦明　著	产业链条的整合机会、盈利模式的复制机会、营销红利的机会、工业服务商转型机会……	工业品企业还可以这样做，思维大突破
	工业品市场部实战全指导 杜　忠　著	工业品市场部经理工作内容全指导	系统、全面、有理论、有方法，帮助工业品市场部经理更快提升专业能力
金融	**交易心理分析** (美)马克·道格拉斯　著 刘真如　译	作者一语道破赢家的思考方式，并提供了具体的训练方法	不论你是初入股市的新手，或是股票买卖的老手，如果你想在股市中持续一贯地获利，你都应该读一读这本关于股票交易心理学的书，它会让你超脱输家轮回、晋身市场赢家
	精品银行管理之道 崔海鹏　何屹　主编	中小银行转型的实战经验总结	中小银行的教材很多，实战类的书很少，可以看看
	支付战争 Eric M. Jackson 著 徐　彬　王　晓　译	paypal 创业期营销官根据自己的亲身经历，讲述 paypal 从诞生到壮大到成功出售的整个历史过程	激烈、有趣的内幕商战故事！了解美国支付市场的风云巨变
服装	**赚不赚钱靠店长：从懂管理到会经营** 孙彩军　著	通过生动的案例来进行剖析，注重门店管理细节方面的能力提升	帮助终端门店店长在管理门店的过程中实现经营思路的拓展与突破
汽车	**汽车配件这样卖：汽车后市场销售秘诀 100 条** 俞士耀　著	汽配销售业务员必读，手把手教授最实用有用的方法，轻松得来好业绩	快速上岗，专业实效，业绩无忧

经营类：企业如何赚钱，如何抓机会，如何突破，如何"开源"

	书名．作者	内容/特色	读者价值
抓方向	**让经营回归简单．升级版** 宋新宇　著	化繁为简抓住经营本质：战略、客户、产品、员工、成长	经典，做企业就这几个关键点！
	公司由小到大要过哪些坎 卢　强　著	老板手里的一张"企业成长路线图"	现在我在哪儿，未来还要走哪些路，都清楚了
	企业二次创业成功路线图 夏惊鸣　著	企业曾经抓住机会成功了，但下一步该怎么办？	企业怎样获得第二次成功，心里有个大框架了
	老板经理人双赢之道 陈　明　著	经理人怎养选平台、怎么开局，老板怎样选/育/用/留	老板生闷气，经理人牢骚大，这次知道该怎么办了
	企业文化的逻辑 王祥伍　黄健江　著	为什么企业绩效如此不同，解开绩效背后的文化密码	少有的深刻，有品质，读起来很流畅
	使命驱动企业成长 高可为　著	钱能让一个人今天努力，使命能让一群人长期努力	对于想做事业的人，'使命'是绕不过去的
	公司大了怎么管：从靠英雄到靠组织 金国华　著	第一次详尽阐释中国快速成长型企业的特点、问题及解决之道	帮助快速成长型企业领导及管理团队理清思路，突破瓶颈

续表

思维突破	跳出同质思维,从跟随到领先 郭　剑　著	66个精彩案例剖析,帮助老板突破行业长期思维惯性	做企业竟然有这么多玩法,开眼界
	7个转变,让公司3年胜出 李　蓓　著	消费者主权时代,企业该怎么办	这就是互联网思维,老板有能这样想,肯定倒不了
	麻烦就是需求　难题就是商机 卢根鑫　著	如何借助客户的眼睛发现商机	什么是真商机,怎么判断、怎么抓,有借鉴
	重生战略:移动互联网和大数据时代的转型法则 沈　拓　著	在移动互联网和大数据时代,传统企业转型如同生命体打碎与再造,称之为"重生战略"	帮助企业认清移动互联网环境下的变化和应对之道
	清零:用互联网思维重塑产品、客户与价值 李　蓓　著	本书阐述了传统企业在互联网思维下的战略转型之路:重新定义产品——重新寻找客户——重新发现价值	利用互联网思维结合自己已有的竞争优势,你也可以创建一个有着无限成长空间的新企业
管理类:效率如何提升,如何实现经营目标,如何"节流"			
	书名.作者	内容/特色	读者价值
通用管理	1. 让管理回归简单.升级版 2. 让经营回归简单．升级版 3. 让用人回归简单 宋新宇　著	宋博士的"简单"三部曲,影响20万读者,非常经典	被读者热情地称作"中小企业的管理圣经"
	边干边学做老板 黄中强　著	创业20多年的老板,有经验、能写、又愿意分享,这样的书很少	处处共鸣,帮助中小企业老板少走弯路
	阿米巴经营的中国模式 李志华　著	让员工从"要我干"到"我要干",价值量化出来	阿米巴在企业如何落地,明白思路了
	欧博心法:好管理靠修行 曾　伟　著	用佛家的智慧,深刻剖析管理问题,见解独到	如果真的有'中国式管理',曾老师是其中标志性人物
	1. 用流程解放管理者 2. 用流程解放管理者2 张国祥　著	中小企业阅读的流程管理、企业规范化的书	通俗易懂,理论和实践的结合恰到好
	跟我们学建流程体系 陈立云　著	畅销书《跟我们学做流程管理》系列,更实操,更细致,更深入	更多地分享实践,分享感悟,分享从实践总结出来的方法论
	低效会议怎么改:每年节省一半会议成本的秘密 王玉荣　著	教你如何系统规划公司的各级会议,一本工具书	教会你科学管理会议的办法
	年初订计划,年尾有结果:战略落地七步成诗 郭晓　著	7个步骤教会你怎么让公司制定的战略转变为行动	系统规划,有效指导计划实现
人力资源	回归本源看绩效 孙　波　著	让绩效回顾"改进工具"的本源,真正为企业所用	确实是来源于实践的思考,有共鸣
	曹子祥教你做绩效管理 曹子祥　著	复杂的理论通俗化,专业的知识简单化,企业绩效管理共性问题的解决方案	轻松掌握绩效管理
	把招聘做到极致 远　鸣　著	作为世界500强高级招聘经理,作者数十年招聘经验的总结分享	带来职场思考境界的提升和具体招聘方法的学习
	走出薪酬管理误区 全怀周　著	剖析薪酬管理的8大误区,真正发挥好枢纽作用	值得企业深读的实用教案
	集团化人力资源管理实践 李小勇　著	对搭建集团化的企业很有帮助,务实,实用	最大的亮点不是理论,而是结合实际的深入剖析
	人才评价中心．超级漫画版 邢　雷　著	专业的主题,漫画的形式,只此一本	没想到一本专业的书,能写成这效果
	我的人力资源咨询笔记 张　伟　著	管理咨询师的视角,思考企业的HR管理	通过咨询师的眼睛对比很多企业,有启发
	本土化人力资源管理8大思维 周　剑　著	成熟HR理论,在本土中小企业实践中的探索和思考	对企业的现实困境有真切体会,有启发

续表

企业文化	华夏基石方法：企业文化落地本土实践 王祥伍　谭俊峰　著	十年积累、原创方法、一线资料，和盘托出	在文化落地方面真正有洞察，有实操价值的书
	企业文化的逻辑 王祥伍　著	为什么企业之间如此不同，解开绩效背后的文化密码	少有的深刻，有品质，读起来很流畅
	企业文化激活沟通 宋杼宸　安琪　著	透过新任 HR 总经理的眼睛，揭示出沟通与企业文化的关系	有实际指导作用的文化落地读本
生产管理	高员工流失率下的精益生产 余伟辉　著	中国的精益生产必须面对和解决高员工流失率问题	确实来源于本土的工厂车间，很务实
	车间人员管理那些事儿 岑立聪　著	车间人员管理中处理各种“疑难杂症”的经验和方法	基层车间管理者最闹心、头疼的事，‘打包’解决
	1. 欧博心法：好管理靠修行 2. 欧博心法：好工厂这样管 曾　伟　著	他是本土最大的制造业管理咨询机构创始人，他从 400 多个项目、上万家企业实践中锤炼出的欧博心法	中小制造型企业，一定会有很强的共鸣
生产管理	欧博工厂案例 1：生产计划管控对话录 欧博工厂案例 2：品质技术改善对话录 欧博工厂案例 3：员工执行力提升对话录 曾　伟　著	最典型的问题、最详尽的解析，工厂管理 9 大问题 27 个经典案例	没想到说得这么细，超出想象，案例很典型，照搬都可以了
	苦中得乐：管理者的第一堂必修课 曾　伟　编著	曾伟与师傅大愿法师的对话，佛学与管理实践的碰撞，管理禅的修行之道	改善心境，提升境界，从容做管理
员工素质提升	跟老板“偷师”学创业 吴江萍　余晓雷　著	边学边干，边观察边成长，你也可以当老板	不同于其他类型的创业书，让你在工作中积累创业经验，一举成功
	销售轨迹：一位快消品营销总监的拼搏之路 秦国伟　著	本书讲述了一个普通销售员打拼成为跨国企业营销总监的真实奋斗历程	激励人心，给广大销售员以力量和鼓舞
	在组织中绽放自我：从专业化到职业化 朱仁健　王祥伍　著	个人如何融入组织，组织如何助力个人成长	帮助企业员工快速认同并投入到组织中去，为企业发展贡献力量
	企业员工弟子规：用心做小事，成就大事业 贾同领　著	从传统文化《弟子规》中学习企业中为人处事的办法，从自身做起	点滴小事，修养自身，从自身的改善得到事业的提升

营销类：把客户需求融入企业各环节，提供“客户认为”有价值的东西

	书名．作者	内容/特色	读者价值
营销模式	变局下的营销模式升级 程绍珊　叶宁　著	客户驱动模式、技术驱动模式、资源驱动模式	很多行业的营销模式被颠覆，调整的思路有了！
	卖轮子 科克斯　【美】	小说版的营销学！营销核心理念巧妙贯穿其中，贵在既有趣，又有深度	经典、有趣！一个故事读懂营销精髓
	弱势品牌如何做营销 李政权　著	中小企业虽有品牌但没名气，营销照样能做的有声有色	没有丰富的实操经验，写不出这么具体、详实的案例和步骤，很有启发
	老板如何管营销 史贤龙　著	不要认为营销就是 4 个 P、C、R 的概念游戏，揭开营销智慧助力企业成功的内在奥秘	高段位营销 16 招，好学好用，老板能看，营销人也能看
	动销：产品是如何畅销起来的 吴江萍　余晓雷　著	真真切切告诉你，产品究竟怎么才能卖出去！突破产品滞销困局的实战宝典	击中痛点，提供方法，你值得拥有

续表

组织和团队	**升级你的营销组织** 程绍珊　吴越舟　著	用"有机性"的营销组织力替代"营销能人",把营销团队变成"铁营盘"	营销队伍最难管,程老师不愧是营销第1操盘手,步骤、方法都很成熟
	用数字解放营销人 黄润霖　著	通过量化帮助营销人员提高工作效率	作者很用心,很好的常备工具书
	成为优秀的快消品区域经理 伯建新　著	37个"怎么办"分析区域经理的工作关键点	可以作为区域经理的'速成催化器'
	一位销售经理的工作心得 蒋　军　著	一线营销管理人员想提升业绩却无从下手时,可以看看这本书	一线的真实感悟
	快消品营销:一位销售经理的工作心得2 蒋　军　著	快消品、食品饮料营销的经验之谈,重点突出	来源于实战的精华总结
	销售轨迹:一位快消品营销总监的拼搏之路 秦国伟　著	本书讲述了一个普通销售员打拼成为跨国企业营销总监的真实奋斗历程	激励人心,给广大销售员以力量和鼓舞
	用靠谱的营销计划锁定胜局:用数字解放营销人2 黄润霖　著	全方位教你怎么做好营销计划,好学好用真简单	照搬套用就行,做营销计划再也不头痛
案例	**解决方案营销实战案例** 刘祖轲　著	用10个真案例讲明白什么是工业品的解决方案式营销,实战、实用	有干货、真正操作过的才能写得出来
	我们的营销真案例 联纵智达研究院　著	五芳斋粽子从区域到全国/诺贝尔瓷砖门店销量提升/利豪家具出口转内销/汤臣倍健的营销模式/娃哈哈联销体	选择的案例都很有代表性,实在、实操!
	招招见销量的营销常识 刘文新　著	如何让每一个营销动作都直指销量	适合中小企业,看了就能用
	中国首家未来超市:解密安徽乐城 IBMG国际商业管理集团　著	零售企业的未来在哪里?本书深入挖掘了安徽乐城超市的试验案例,为零售企业未来的发展提供了一条可借鉴之路	通俗易懂,行业经验丰富,宝贵的行业量化数据,关键思路和步骤
	中国营销战实录:令人拍案叫绝的营销真案例 联纵智达　著	51个案例,42家企业,38万字,18年,累计2000余人次参与……	最真实的营销案例,全是一线记录,开阔眼界
产品	**产品炼金术I:如何打造畅销产品** 史贤龙　著	满足不同阶段、不同体量、不同行业企业对产品的完整需求	必须具备的思维和方法,避免在产品问题上走弯路
	产品炼金术Ⅱ:如何用产品驱动企业成长 史贤龙　著	做好产品、关注产品的品质,就是企业成功的第一步	必须具备的思维和方法,避免在产品问题上走弯路
	新产品开发管理,就用IPD 郭富才　著	10年IPD研发管理咨询总结,国内首部IPD专业著作	一本书掌握IPD管理精髓
品牌	**中小企业如何建品牌** 梁小平　著	中小企业建品牌的入门读本,通俗、易懂	对建品牌有了一个整体框架
	采纳方法:破解本土营销8大难题 朱玉童　编著	全面、系统、案例丰富、图文并茂	希望在品牌营销方面有所突破的人,应该看看
	中国品牌营销十三战法 朱玉童　编著	总结归纳了采纳20年来的品牌策划方式方法,并将其总结提炼成了13条战法,同时配有大量的案例	众包方式写作,丰富案例给人启发,极具价值
渠道通路	**快消品营销与渠道管理** 谭长春　著	将快消品标杆企业渠道管理的经验和方法分享出来	可口可乐、华润的一些具体的渠道管理经验,实战
	传统行业如何用网络拿订单 张　进　著	给老板看的第一本网络营销书	适合不懂网络技术的经营决策者看
	采纳方法:化解渠道冲突 朱玉童　编著	系统剖析渠道冲突,21个最新的渠道冲突案例、情景式讲解,37篇专题讲义	系统、全面
	学话术 卖产品 张小虎　著	分析常见的顾客异议,提出破解方案,将复杂的销售程序化,将优秀的话术模块化	让普通导购员也能成为销售精英

AMT 出版图书概况

书名	作者	内容简介
突破成长的困境	AMT 研究院	通过对美的、万科、李宁、华为等数十家行业标杆企业管理实践的提炼,融合了数位行业专家和相关领域学者的精辟见解,旨在用简明实用的语言帮助读者描绘出企业持续增长的行动蓝图。
流程革命 2.0	王玉荣、葛新红	创造性地告诉您一个让战略落地的流程管理,将流程管理和战略管理融为一体,使流程管理有了灵魂,让战略管理有了保障。
跟我们做流程管理	陈立云、金国华	全书围绕流程管理 PDCA 环展开,思路清晰,也便于读者理解。
图说流程管理	金国华、谢林君	力图通过"图片 + 简单文字描述 + 案例"的形式向企业解释到底流程的价值是什么。
跟我们做知识管理	葛新红、黄斯涵	结合 AMT 咨询服务过程中碰到的各客户在知识管理方面的问题和困惑,从理论篇和实践篇两个方面展开。
用数据决策——构建企业经营分析体系	王君、葛新红	系统介绍了构建企业经营分析体系的五步法,从指标——报表——数据,结合分析决策会议,并落实到 BI 实现。
别让会议控制你	王玉荣、王君	从如何开好单一会议到如何结合企业运营节拍,规划设计和谐的会议体系,给出了详细的方法工具
简单思考	孔祥云	一家专业服务公司(AMT)的 CEO 创业历程中点点滴滴的经验与思考。
创业学绝味	郭宇宽	郭宇宽博士用两年多时间,对绝味进行跟踪调研,对绝味成功的经验进行提炼。

AMT 简介

AMT(上海企源科技股份有限公司)创立于1998年,是中国领先的“管理+IT”咨询服务机构,提供卓有成效的管理咨询、信息技术和外包服务。

AMT将自身定位于“客户变革推进者的伙伴”,通过从管理到IT的综合持续服务,帮助企业与政府实现价值落地。面向客户战略落地难的问题,AMT提供“企业战略执行保障体系(SISS)”的全面服务;面向快速成长型企业可持续发展难的问题,AMT提供从战略梳理、机制优化、管理体系构建、IT支撑到业务突破的五步加速成长法(5A)的全面服务;我们面对客户的不同问题,始终坚持“专业实用,为您着想”的服务理念,提供简单易行、可落实、可见效的解决方案。

AMT总部设立在上海,我们的服务力量遍布在北京、广州、深圳、杭州、苏州、无锡、郑州、成都、重庆、长沙等十余个城市,是中国目前最具规模之一的综合型咨询服务机构。

AMT目前已为进入中国500强的40%的企业提供过服务。客户总量2000余家,70%的客户与AMT建立起了长期合作关系。

AMT坚持十余年创办了国内最有影响力的管理者互动网络平台:畅享网;我们出版了超过60本管理与信息化丛书;每月发行超过3万册《AMT前沿论丛》,这一切都深深的影响并引领着中国企业管理者不断前行与探索的步伐。

了解AMT能够为您提供哪些“专业实用、为您着想”的服务?请登录www.amt.com.cn或致电400-881-2881了解详情。